三字經 百家姓 译读

人之初，性本善。性相近，习相远。
苟不教，性乃迁。教之道，贵以专。
昔孟母，择邻处。子不学，断机杼。
窦燕山，有义方。教五子，名俱扬。

周柳燕 编著

赵钱孙李 周吴郑王 冯陈褚卫
蒋沈韩杨 朱秦尤许 何吕施张
孔曹严华 金魏陶姜 戚谢邹喻
柏水窦章 云苏潘葛 奚范彭郎

中南大學出版社
www.csupress.com.cn
·长沙·

图书在版编目(CIP)数据

《三字经》《百家姓》译读/周柳燕编著. —长沙: 中南大学出版社, 2017.3

ISBN 978-7-5487-2733-0

Ⅰ.①三... Ⅱ.①周... Ⅲ.①古汉语-启蒙读物②《三字经》-译文③《百家姓》-译文 Ⅳ.①H194.1

中国版本图书馆 CIP 数据核字(2017)第 048593 号

《三字经》《百家姓》译读

SANZIJING BAIJIAXING YIDU

周柳燕 编著

□**责任编辑** 汪采知
□**责任印制** 易红卫
□**出版发行** 中南大学出版社
社址：长沙市麓山南路 邮编：410083
发行科电话：0731-88876770 传真：0731-88710482
□**印 装** 长沙市宏发印刷有限公司

□**开 本** 880×1230 1/32 □**印张** 8.5 □**字数** 238 千字 □**插页**
□**版 次** 2017 年 3 月第 1 版 □**印次** 2017 年 3 月第 1 次印刷
□**书 号** ISBN 978-7-5487-2733-0
□**定 价** 18.00 元

前言

千百年来，世界上有两大民族特别重视对儿童的启蒙教育，即犹太民族和中华民族。作为华夏子孙，我们每个人一生中有两本书是应该读的，那就是《三字经》和《百家姓》。

《三字经》相传为宋代王应麟（字伯厚）所作，明清学者陆续补充，采用韵文形式，每三字一句，四句一组，像一首诗一样，背诵起来如同吟唱儿歌，用来教育子女，既朗朗上口，又启迪心智。古人觉得《三字经》内容很好，因此纷纷翻印，广为流传，成为历朝历代最重要的启蒙读物之一。其中的许多语句，如“养不教，父之过”“勤有功，戏无益”等成为妇孺皆知、世代传诵的名句。

《三字经》的内容大致分为六个部分，每一部分有一个中心。从“人之初，性本善”到“人不学，不知义”，讲述教育和学习对儿童成长的重要性，后天教育及时、方法正确，可以使儿童成为有用之材；从“为人子，方少时”至“首孝悌，次见闻”，强调儿童要懂礼仪，要孝敬父母、尊敬兄长；从“知某数，识某文”到“此十义，人所同”，介绍生活中的一些名物常识，有数字、三才、三光、三纲、四时、四方、五行、五常、六谷、六畜、七情、八音、九族、十义等，一应俱全，而且简单明了；从“凡训蒙，须讲究”到“文中子，及老庄”，讲述古代的重要典籍和儿童读书的程序，列举的书籍有四书、五经、三易、四诗、三传、五子，基本包括了儒家的典籍和部分先秦诸子的著作；从“经子通，读诸史”到“通古今，若亲目”，阐释从三皇至清代的朝代变革，一部中国史的基本面貌尽在其中；从“口而诵，心而维”至“戒之哉，宜勉力”，指出学习要勤奋刻苦、孜孜不倦，只有从小打下良好的学习基础，长大才能有所作为。

《三字经》内容的排列顺序极有章法，体现了作者的教育思想。

作者认为教育儿童重在礼仪孝悌，以此端正孩子们的思想，知识的传授则在其次，即“首孝悌，次见闻”。训导儿童要先从小学入手，即先识字，然后读经、子两类的典籍，再学习史书，即“经子通，读诸史”。

被誉为“千古第一奇书”的《三字经》是一部在儒家思想指导下编成的读物，是我们祖先教育子孙的最有代表性的儿童启蒙读物，它能够让我们了解中国的历史，以及人伦的次第与纲常，能够开启人生智慧、触及灵魂、培养优雅的性情和敦厚的性格，充满积极向上的精神。在快餐文化充斥的今天，历经千年沉淀的国学营养将是我们抵御精神危机，乃至寻找到自我价值的法宝。只要深入研读，相信每个人都会燃起对华夏先祖的崇敬与承担弘扬文化的责任感。

在我国众多的姓氏中，八成以上是春秋战国时期形成的。那时，“姓”具有纯血缘意义上的作用，其涵义也逐渐固定下来。到北宋初年，出现了一本用四言韵文写成的《百家姓》，相传其编写者是北宋初年钱塘一位老儒生。

《百家姓》以“赵、钱、孙、李”开头，共 472 字，著录姓氏 438 个，其中单姓 408 个，复姓 30 个。清初，王相对《百家姓》加以笺注，称为《百家姓考略》，对书中大多数姓氏的来源、郡望及代表人物作了考证和简要介绍，补充了一些原书中没有的姓氏，并考证了之所以用“赵、钱、孙、李”开头的缘由，即赵是宋朝的国姓，所以起首为赵；因北宋初年钱俶据守两浙，所以其次为钱；孙是俶妃之姓，李是南唐之姓，所以再其次为孙、李，从中可见编写者对南唐的念念不忘。

《百家姓》出现后，便成为蒙学的教材。南宋诗人陆游的《秋日郊居》(其三)便写到：“儿童冬学闹比邻，据案愚儒却自珍。授罢村书闭门睡，终年不著面看人。”其自注“村书”即《杂字》《百家姓》之类。可见《百家姓》在当时流传极为广泛。明代理学家吕坤在其《社学要略》中说：“初人社学，八岁以下者，先读《三字经》以习见闻，《百家姓》以便日用，《千字文》亦有义理。”可见《百家姓》也是乡党应酬时必须了解的常识。

本书的编排以清初王相的《百家姓考略》和宋代王应麟的《三字经》为底本，又参考了张浩逊的《三字经》（浙江少年儿童出版社）、陈竹朋的《注音百家姓》（陕西人民出版社）、袁庭栋的《〈三字经〉〈百家姓〉增广》（巴蜀书社）、徐阳鸿的《万家姓》（远方出版社）等，从姓氏的属地、来历及姓氏名人三个方面对《百家姓》进行综述。由于属地和来历非常复杂，所以本书采用权威说法，或公认的说法；而“姓氏名人”一项，尤其是大姓名人极多，限于篇幅，只能略举一二。

在地域、血缘家族界限越来越淡化的今天，姓名早已成为社会交往的一个符号，但在追根认祖中，它仍然是炎黄子孙乐此不疲的好尚，家族的辉煌、祖辈的伟业对我们今天也不无启迪、勉励意义。这促使我们在编写这本书时力求融史料性、知识性、实用性、趣味性与教育性于一体，希望它对每一位读者开卷有益。

目　录

三字经

【原文】

人之初，性本善。①
性相近，习相远。②

【注释】

①人：泛指众人。初：初生，刚出生的时候。性：与生俱来的禀性。本：原本。

②相近：相去不远。习：习惯。远：相差太远。

【译文】

人刚生下来的时候，本性都是善良的，每个人的天性彼此相差不多。由于后来所处环境和所受教育的不同，习性的差异越来越大。

【评析】

早在春秋战国时期，我国古代的先哲们就开始探究人性是善还是恶的问题。孟子认为人性本善。他认为，没有哪个孩子不热爱他的父母；等孩子长大了，没有哪一个不尊敬他的兄长。而荀子却认为人性本恶。他认为，即使是婴儿也会争夺食物，稍大一些就会争抢玩具，有了好东西就会藏起来以防别人抢走，这些都是人性恶的表现。

实际上，“人之初”无所谓性善性恶。孟子和荀子都只说明了一个人天性中的两个方面，但他们强调的是一样的：一个人在成长的过程中，由于环境的影响和所受教育的不同，人才会有善或恶的不同行为。“性相近，习相远”就是指后天的环境和教育会使人的思想和行为相差很大。

美国学者丹尼士曾经从孤儿院挑选了四十个婴儿，对他们进行隔离哺养试验。他把这些婴儿关在隔离的笼子里喂养，不让他们接触任何人。几年后，这项试验因为受到人们的强烈谴责而中止。但是，这些婴儿已经全部成为智力低下的人，这是因为他们的大脑缺乏社会环境的熏陶，缺乏与周围人的情感交流和教育。尽管后来社会各界多方救助，花了许多精力挽救他们，仍无济于事。

【原文】

苟不教，性乃迁。①

教之道，贵以专。②

【注释】

①苟(gǒu)：如果，假使。乃：于是。迁：迁移，变化。

②道：方法。贵：重要。以：在于。专：专心致志。

【译文】

如果不对孩子进行教育，他善良的本性就会发生变化。教育孩子的方法，重要的是要专心致志，毫不松懈。

【评析】

人的天分是有所不同的。没有后天的教育和自己的勤奋学习，终将一事无成。

北宋文学家王安石在《伤仲永》这篇文章里讲了这样一个故事：江西金溪县出了个叫方仲永的神童，五岁就能作诗。乡里人很惊奇，都想见见他。仲永的父亲贪图钱财，没有让他继续好好学习，而是一天到晚带着他去见乡人，写诗卖钱。时间一长，仲永就不再有长进。到他二十岁左右的时候，仲永的特异才能消失殆尽，与普通人没有什么区别了。

“纪昌学射”的故事说的是“学习贵在专注”的道理。战国时期，赵国的纪昌向射手飞卫学习射箭。飞卫告诉他，学射必须先学会不眨眼。纪昌回家后，每天躺在织布机下，睁着眼睛看梭子快速移动。尽管这样的练习非常枯燥，纪昌还是一门心思按照老师的吩咐去做。三年以后，就算梭子的尖角将要碰到他的眼睛，纪昌也能不眨眼。于是纪昌去向老师汇报。飞卫又对他说，学射还必须先学会视小如大。纪昌又回去练习，他用马尾巴上的长毛拴住一个虱子，把它悬挂在窗口，天天盯着它看。慢慢地，很小的虱子在他眼里显得越来越大。两年后，纪昌看虱子竟如同有车轮那么大了。于是他又去向老师汇报。这时候，飞卫才正式教纪昌射箭。由于多年专心致志练习基本功，纪昌最终成了一名神射手。

【原文】

昔孟母，择邻处。①
子不学，断机杼。②

【注释】

①昔：过去，从前。孟母：孟子的母亲。孟子，姓孟名轲，字子舆，战国时期邹国人，著有《孟子》一书，后世尊称他为“亚圣”。相传孟子早年丧父，其母为引导儿子学习，曾三次迁徙居处，最后在一所学校旁定居下来。择：选择。邻：邻居。处(chù)：居处。

②机：指织布机。杼(zhù)：牵纱的梭子。

【译文】

从前，孟子的母亲为了使儿子有个良好的学习环境，曾三次因为选择邻居而搬家。孟子不肯好好学习，孟母气愤地把织布机上的梭子折断，以此告诫孟子学习不可半途而废。

【评析】

一个人成长、学习的环境对其成才是非常关键的。

孟子的父亲过世得早，全靠母亲抚养长大。起初，他家的邻居是一个屠夫。幼小的孟子经常跟着其他小孩子看屠夫杀猪，玩杀猪的游戏。孟母看了很难受，认为这样的环境不利于儿子的健康成长，就把家搬到郊区。不料郊区一带有许多坟墓，时常有人到此埋葬死人。孟子看了，又玩起埋葬死人的游戏。孟母知道后很不高兴，马上把家搬到一所学堂附近。这里的人们举止文雅，学堂里每日传来孩子们的朗朗读书声。孟子玩的游戏也就变成了模仿读书人读书识礼的内容。孟母认为这才是适合培养孟子长才的环境，就在这里定居下来。

孟子年纪稍长一些，就外出求学。有一天，他觉得读书很辛苦，就跑回家休息。孟母看到儿子学无所成跑回家后很不高兴，虎着脸，拿起剪刀就把织布机上的梭子折断了。孟子见了很害怕，跪在地上问母亲为什么这么做。孟母说：“你外出求学，就像我织布一样。织布要连续不断才能积丝成寸，积寸成尺，积尺成丈，积丈成匹。我要你在外好好求学，今后做个圣贤之人。你现在厌学而归，就像我折断织布机上的梭子，还能织出完整的布匹吗？”孟子听了这番教诲大受启发，于是下定了刻苦学习的决心。后来，孟子果然成了著名的思想家。他继承和发展了孔子创立的儒家学说，被人们称为“亚圣”。

【原文】

窦燕山，有义方。①
教五子，名俱扬。②

【注释】

①窦燕山：五代后晋人，名禹钧。传说窦燕山教子有方，使五子齐登科甲，冯道赠诗云“燕山窦十郎，教子以义方”。义方：正确的方法。

②名：名誉，名声。俱：都。扬：传扬，传播。

【译文】

窦燕山教育孩子有正确的方法。调教出来的五个孩子，都学有所成，名扬四海。

【评析】

在教育方面，父母是孩子的第一位老师。他们的言传身教对孩子的成长十分重要。

五代时期的名士窦燕山，出身于富裕的家庭，是当地有名的富户。据说：窦燕山为人不好，常常以势压贫。有贫苦人家借他家粮食时，他是小斗出、大斗进，小秤出、大秤进，明瞒暗骗，昧心行事。由于他做事缺德，所以到了三十岁，还没有子女。窦燕山也为此着急，一天晚上做梦，他死去的父亲对他说："你心术不好，心德不端，如果不痛改前非，重新做人，不仅一辈子没有儿子，也会短命。你要赶快改过从善，大积阴德，只有这样，才能挽回天意，改过呈祥。"从此，窦燕山痛改前非，不再做缺德的事，而且还在家里办起了私塾，延请名师教课。有的人家，因为没有钱送孩子到私塾读书，他就主动把孩子接来，免收学费。总之，自那以后，窦燕山就像是换了一个人似的，周济贫寒，克己利人，广行方便，大积阴德，受到人们的称赞。后来，他的妻子连续生下了五个儿子，他把全部精力用在培养教育儿子身上，不仅注意他们的身体健康，更注重他们学习知识和品德修养。在他的培养下，五个儿子都成为了有用之才，先后登科及第：长子中进士，授翰林学士，曾任礼部尚书；次子中进士，授翰林学士，曾任礼部侍郎；三子曾任补阙；四子中进士，授翰林学士，曾任谏议大夫；五子曾任起居郎。当时人们称他们为"窦氏五龙"。有一位叫冯道的侍郎曾赋诗："燕山窦十郎，教子有义方。灵椿一株老，丹桂五枝芳。"这里所说的"丹桂五枝芳"，就是对窦燕山教育出"五子登科"的评价和颂扬。

东晋时期的陶侃，年幼时家境清寒，母亲辛勤操劳地供儿子读书。陶侃长大后，在浔阳（今江西九江）做县吏，从事渔业管理。他一直不忘母亲含辛茹苦的养育之恩，常想着孝敬母亲。一天，他见库中有新进的上好糟鱼，就拿了一坛，请人带回家去。他母亲问明了情况，脸上顿时露出不悦的神色，她把糟鱼原样封好，请来人带回去，还附了一封信给儿子。信上说："你身为国家官吏，不知奉公尽职，反而拿官物送我。这不仅没有给我带来一点儿快乐，反而增加了我的忧虑。"陶侃接到母亲的来信后，顿感羞愧。从此，陶侃廉洁奉公，忠于职守，不饮酒、不赌博，四十年如一日，最终成为了东晋的大将军。

【原文】

养不教，父之过。①
教不严，师之惰。②

【注释】

①不教：不加以教导。过：过失，错误。

②惰（duò）：疏懒。

【译文】

生养子女却不给予良好的教育，这是做父亲的过错。教育学生却没有严格要求，这是做老师的疏懒。

【评析】

传统中国历来重视"家教"。家长的一言一行都会对孩子产生潜移默化的影响。人在幼年、童年时期，接受新事物快，模仿性强，"言传身教"对孩子品德的养成作用十分明显。要把青少年培养成对社会、对国家有用的人才，家庭教育和学校教育都是非常重要的，两者相辅相成，缺一不可。当今社会，有些家长认为自己的责任就是解决孩子吃饱、穿暖的问题，至于知识的学习和良好品德的培养，应由学校里的老师负责。这显然是不对的，父母是孩子的第一任老师，即使孩子长大后进了学校，家长仍然应该主动和学校老师配合，做好培养孩子的工作。家教中，身教重于言传，有些家长一有空就看电视、打麻将、聊天，却要求孩子不贪玩、刻苦学习，这怎么可能做好表率呢？

科学家爱因斯坦到四岁时还不会说话。当时，许多人认为他是一个低能儿。上小学时，爱因斯坦仍然表现得很平庸。学校的训导主任曾向爱因斯坦的父亲断言："你的儿子将一事无成。"鄙视和嘲讽使小爱因斯坦情绪极为低落。但他的父亲却没有对儿子失去信心，而是想尽办法让他振作起来。他为爱因斯坦买来了积木，让他搭房子，搭好一层便表扬一次。结果，爱因斯坦情绪高涨，一直搭到了十四层。在父亲的鼓励下，爱因斯坦看到了自己的长处，最终走上了漫漫的科学征途。从这一点上说，是爱因斯坦的父亲成就了一个伟大的科学家。我们所有的家长都应该向爱因斯坦的父亲学习！

【原文】

子不学，非所宜。①
幼不学，老何为。②

【注释】

①子：是为人之子，这里指孩子。不学：不肯读书。宜：应该，适当。

②幼：指年幼时。老：指长大成年以后。何为：指不能有作为。

【译文】

小孩子不好好学习，是很不应该的。如果一个人年幼时不努力读书学习，那么长大以后还能有什么作为呢？

【评析】

古谚说"少壮不努力，老大徒伤悲"，说的就是学习必须从小时

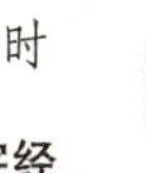

候开始。

欧阳修之所以能成为名垂青史的大文豪，与他从小刻苦学习很有关系。欧阳修的父亲早逝，母亲郑氏把全部精力都放在对他的悉心教诲上。她想方设法克服无力置备笔墨的困难，用芦荻做笔，在沙地上教儿子认字，进而引导他诵读古人诗文，练习作诗。由于母亲的教导，欧阳修自幼养成了好学的习惯，废寝忘食地学习。家中无书可读，他就到附近人家借来读，或者借来抄录。有时候抄录完毕，他就已经能够背诵了。欧阳修二十三岁时，参加国子监考试，广文馆试和国学解试中均获第一名。第二年参加礼部主持的进士考试，再中第一名。他之所以能取得这么优异的成绩，与他从小努力学习是有直接关系的。

著名画家徐悲鸿也是从小就刻苦学习。徐悲鸿的父亲徐达章自幼喜爱绘画，通过自学成为当地的知名画师。徐悲鸿六岁时就想学画了，但父亲不同意，要他先用功读书。因为要想成为好画家，首先要有渊博的知识。于是，徐悲鸿就开始勤奋读书。徐悲鸿九岁时，就已经读完了《诗经》《易经》《礼记》《左传》和“四书”等儒家经典。这时候，父亲才开始每天教他临摹学画，有时候父亲会带他沿着河岸步行，引导他欣赏和观察大自然。不论盛夏隆冬，父亲每天都严格地督促徐悲鸿读书、写字、作画。徐悲鸿十岁时，已经能够为父亲的画上色，为乡亲们写春联了。二十多岁的时候，他画的马得到行家的高度评价，被认为水平超过了唐代的画马名家韩干。中华人民共和国成立后，他当选为中国美术家协会主席，并担任中央美术学院院长。周恩来总理曾经评价，徐悲鸿的作品能够融合中西画法，是一位大师级的画家。

【原文】

玉不琢，不成器。[①]
人不学，不知义。[②]

【注释】

①玉：美玉。琢(zhuó)：雕琢。器：指器物。

②义：道理。

【译文】

一块玉石如果不经工匠的精心雕琢，就不能成为精美的器物。一个人如果不努力学习，就不会懂得知识和道理。

【评析】

古人以玉为灵物。因此，古人不仅活着喜欢佩戴玉，连死后也要口中含玉，这大概是出于传言玉可护身、并保尸体不腐的观念。然而，要制成一件玉器可不简单，先要从山里采掘出璞玉，然后凿去表面的石料，切割成器物的粗坯，再经雕琢、打磨、抛光，才算成功。要把璞玉打造成精美的玉器相当不易，同样，要把人塑造成正人君子也很难。人都有惰性，都有各自的缺点、不足，如果不努力学习来改正自己的缺点、弥补自己的不足，就无法成为品德高尚的人。

过去流传着这样一个故事。有个人懒得出奇，从小衣来伸手、饭来张口，万事都由家人替他安排。有一回，他的父母要去走亲戚，他不愿意出门，父母只好将他一人留在家里。谁给他做饭呢？深知儿子脾性的母亲做了个很大的饼，挂在他的脖子上，临走时再三嘱咐他：“儿啊，你饿了就吃脖子上的饼，千万别懒得吃啊！”几天后，父母回到家里，发现儿子已经饿死了，脖子上的饼还在，只是嘴巴够得着的地方缺了一块。原来，他们的懒儿子在啃完了嘴巴够得着的那口饼后，连用手稍稍转动一下脖子上的饼都懒得做。

当然，这个故事是虚构的，但它告诉我们一个道理：人是有惰性的，要想成才，就必须克服惰性，加强学习，学习的过程如同要得到一件晶莹剔透的玉器就必须精心雕琢一样。

【原文】

为人子，方少时。①
亲师友，习礼仪。②

【注释】

①子：做人的子女。方：正当，刚，正值。少时：小时候。

②亲：亲近。师：良师。友：益友。习：学习。礼仪：礼节仪态。

【译文】

为人子女，在年纪轻的时候，应当多多亲近良师益友，从他们那里学习为人处事的礼节和规矩。

【评析】

中国是一个礼仪之邦，历来讲究礼节、仪式。在今天，讲究礼节仍然是必要的，如见到老师要问好、见到同学要热情招呼，在公共场合见到老人要主动让座等。

东汉末年的曹操在官渡之战兵处劣势时听说袁绍的谋士许攸来访，竟顾不得换衣穿鞋，打着赤脚出来迎接，对许攸十分尊重。许攸被曹操的一片诚心所感动，于是为他出谋划策，打了许多胜仗。不过，曹操也吃过不尊重别人的亏。当他志得意满、一帆风顺时，西川的张松向他来献地图，他却态度傲慢，给张松留下了“轻贤慢士”的坏印象。于是，张松临时改变主意，把本来要献给曹操的西川地图转而献给了曹操的对手刘备。这对曹操来说显然是一大损失。

张良年轻时曾计划要刺杀暴君秦始皇，计划失败后，为躲避官府通缉，潜藏在下邳。有一天，张良闲游到一座桥上，遇见一位穿褐衣的老翁。那老翁见张良走近，便故意将鞋坠落桥下，要张良下桥去捡。张良虽不高兴，但还是替老翁把鞋子捡上来了。可是当张良把鞋交给老翁时，老翁又让他帮着把鞋穿上。张良仍然忍耐着帮老翁穿上了鞋。老翁没客气，穿上鞋，笑眯眯地离开了，临走时留下了一句话："你小子，可教。五天后黎明时分在这里等我。"张良按老翁的话，五天后天刚亮，他就来到桥上，不料老翁早已等在那里。他见到张良便怒斥道："跟老人约会迟到，岂有此理！过五天再早些来见我。"说完就离去了。又过了五天，鸡刚打鸣，张良便匆匆地赶到了桥上，可是他还是比老翁来得晚。老翁这回更不高兴了，只是重复了一遍上回说的话，就拂袖而去了。这下张良可有点急了，过了四天，他索性觉也不睡了，在午夜之前便来到桥上等着。一会儿，老翁就来了，看见他已经在桥上等候便点头称是。这时，老翁才从袖中拿出一本书，很神秘地说："你读了这本王者之书，就可以做帝王的先生了。十年之后，兵事将起，再过十三年，你到济北，可以与我重逢，谷城山下的那块黄石，便是我的化身。"说完飘扬而去。天一亮，张良打开书一看，原来是太公望兵法书。后来，张良认真研读黄石老翁授予的那部兵法书，果真当上了汉高祖刘邦的高级参谋。

【原文】

香九龄，能温席。①

孝于亲，所当执。②

【注释】

①香：黄香，字文强，东汉时江夏（今湖北安陆县）人，以孝顺

闻名。黄香九岁时，即明晓事亲之理。每当夏日炎热之时，则扇父母帷帐，使枕席清凉，以待父母安寝；每当冬日严寒，则以身为父母温暖枕席，使之暖卧。龄：岁。温：暖。

②亲：指父母。执：遵循，应该做的事。

【译文】

东汉黄香九岁的时候，就知道冬天用自己的身体为父母温暖枕席。孝敬自己的父母是每个儿女应该做的事。

【评析】

元朝的郭居敬曾挑选出历代最有孝行的二十四人，把他们的事迹编写成《二十四孝》，其中“扇枕温衾”一段，说的就是黄香的故事：黄香是东汉人。他九岁丧母，侍奉父亲十分周到。在炎热的夏天，他先用扇子扇凉父亲的席子，再伺候父亲睡下；在寒冷的冬天，他先躺在父亲床上，用自己的体温焐暖父亲的睡席后，再请父亲安卧。当时的皇帝汉和帝听说这件事后，就颁布圣旨予以褒奖。

孝顺父母，是为人子者应该做到的，所以说“孝于亲，所当执”。俗话说“羊有跪乳之恩，鸦有反哺之义”，黄香的“孝行”在当今不必生硬模仿，但是黄香的“孝道”在今天要大力提倡。

【原文】

融四岁，能让梨。①
弟于长，宜先知。②

【注释】

①融：孔融，字文举，东汉时鲁国（今山东）人，著名文学家，“建安七子”之一。

②弟：通“悌（tì）”，指尊重兄长的道德规范。长：兄长。

【译文】

孔融四岁的时候，就知道把大梨让给哥哥吃。这种尊敬兄长和友爱谦让的道理，是每个人从小就应该知道的。

【评析】

孔融是孔子的第二十世孙，字文举，山东曲阜人，汉末名士，文学家，“建安七子”之一。然而，孔融一生流传最广的事迹还是他小时候“让梨”的故事：孔融从小就聪明伶俐，他的父亲最喜欢他。一天，有人送来一筐梨，父亲要他们兄弟几个各挑一个，并且指定由四岁的孔融先挑。孔融就挑了一个最小的。父亲觉得奇怪，问他为什么不挑大的。孔融回答：“哥哥比我年长，应该吃大的；我的年龄小，理应吃小的。”父亲听了这番话，满心欢喜。

中国历来注重长幼有序、兄友弟恭的传统，“弟于长，宜先知”就是告诉人们，从小就要培养谦恭礼让的品质。从尊敬友爱兄长开始培养自己的爱心，在社会上才能友善地对待他人。人人都如此，自己也会获得别人友善的回报。

【原文】

首孝弟，次见闻。①
知某数，识某文。②

【注释】

①首：为首，首要。孝：孝敬父母。次：其次。见闻：学习看到和听到的知识。

②知：知道，了解。某：指代某种事物。数：算术。文：文字。

【译文】

一个人首先要孝敬父母、尊敬兄长，其次要学习看到和听到的知识，并且要掌握基本的算术以及认识文字。

【评析】

“首”“次”是讲为人处世的先后次序。中国有句古话，叫作“百行孝为先”，意思是说，孝是做人的第一步。《论语·学而》篇中说“孝弟也者，其为仁之本与”，孔子认为孝悌是仁爱之心的根本出发点。如果一个人连自己的父母、兄弟都不善待的话，他还会去善待谁呢？做到了“孝弟”，学习知识技能才能用到正道上。

恩格斯是个极重孝道的人。他的父亲去世时，留下一笔巨额财产，按照法律规定，长子恩格斯应该分到这笔遗产。但他的弟弟却蛮横地要求恩格斯放弃继承权，把财产通通归到自己的名下。当时，恩格斯的母亲正身患重病，为了不使母亲因兄弟间的财产纠纷烦恼而加重病情，恩格斯毅然放弃了继承权。一年之后，母亲的身体逐渐康复，恩格斯才把这件事告诉她。他对母亲说：“世上任何东西都不能使我让您在晚年因家庭纠纷而悲伤。我还会有很多企业，但我永远只有一个母亲。”

【原文】

一而十，十而百。①
百而千，千而万。

【注释】

①一：数之始。十：数之终。而：到。

【译文】

数字从一开始，一到十是基本数字，十个十就是一百，十个一百就是一千，十个一千就是一万。

【评析】

远古时代，先民们为了计算猎物的数量和分配食物，不断积累着关于事物数量的知识。人们认识数量是从“有”开始的，起初略知

“一”“二”，以后不断积累，知道的数目才逐渐增多。

随着识数的增多，先民们在对事物抽象的基础上发明了数字，有了记数的符号。古代的记数符号大致有两个系统：一个是数字，一个是算筹。

数字较多地用在文书和典籍中记录数量。数字记数法以“一”“=”“三”等符号记数，历史悠久。在原始社会的仰韶文化中已有由短横、短竖组合成的数字符号，后来逐渐演变，才成为今天的样子。从甲骨文中可以看出，商朝时的记数法已采用十进制。

所谓算筹，是用竹、木、骨、玉、牙、铁等制成的一种外形很整齐的小圆棍，古时候，人们用这些小木棍进行珠算。用算筹作为工具进行的计算叫“筹算”。后来，随着生产力的发展，用小木棍进行计算受到了限制，于是，人们又发明了更先进的计算方法——珠算。

珠算最早见于文献的当推东汉《数术记遗》一书，可见汉代已出现用珠子计算的方法及理论。用于珠算的工具称算盘，算盘的名称见于算书以宋代《谢察微算经》为最早，可以确定算盘最晚成形于宋代，到元代时算盘的使用已十分流行。明初，中国算盘流传到日本，其后又流传到俄国，又从俄国传至西欧各国。人们往往把算盘的发明与中国古代四大发明相提并论，所以，算盘也是中华民族对人类社会发展的一大贡献。

【原文】

三才者，天地人。①

三光者，日月星。②

【注释】

①三才：指天才、地才、人才。出自《易经》，形容《易经》的内

容包罗广泛。

②三光：指日光、月光、星光。

【译文】

三才，指的是天才、地才、人才。三光，指的是日光、月光、星光。

【评析】

古人认为，在天地形成之前，宇宙是一团混沌之气。渐渐地，轻清之气上浮为天，重浊之气下沉为地，天地之间，万物慢慢滋生起来，其中以人为最贵，认为人是万物之灵。人类生生不息，与天地共存，所以把天、地、人称为“三才”。按古人的解释，“三”字的上一横指天，下一横指地，中间一横指人。

现代的“人才”专指有才能的人，是事业成功最重要的保证。世界闻名的美国微软公司只用20年时间就发展成为世界上赢利最高的企业之一，靠的就是人才，公司的创始人比尔·盖茨不惜一切代价寻觅优秀人才。该公司著名的软件专家列恩夫妇，最初是在华盛顿的军事思想库工作，盖茨几次邀请，都被委婉拒绝。列恩夫妇拒绝的理由是：不适应坐班的工作、没有价格适中的房子、不愿意中断空手道训练等。盖茨把这些理由记在心上，不久，他派公司的人事部主任亲自登门，说微软公司答应他们的所有要求：实行弹性工作制，在离办公室一公里的地方为他们安排了合适的住房，还为他们联系好了空手道训练馆。列恩夫妇被微软公司的诚意所感动，欣然前往工作了。列恩夫妇到微软公司后，开发出多种非常有竞争力的新产品，为公司的发展壮大作出了重要贡献。

【原文】

三纲者：君臣义。①

父子亲，夫妇顺。②

【注释】

①三纲：三个纲领。“三纲”一词出自班固《白虎通义》。三纲指君为臣纲，父为子纲，夫为妻纲。义：忠爱仁义。

②亲：慈孝相亲。顺：和顺，和睦。

【译文】

三纲是指君臣之间有忠爱仁义，父子之间要慈孝相亲，夫妻之间要和睦相处。

【评析】

三纲，指君臣、父子、夫妇之道。它最初由汉儒董仲舒提出，后经历代统治阶级系统化，最终成为封建时代最重要的道德准则。

君臣之间讲仁义，比较有名的例子是唐太宗李世民和他的大臣魏徵之间的故事。魏徵是个敢于犯颜直谏的人，即使激起唐太宗盛怒，他也还是会据理力争。有一次，唐太宗退朝回到后宫，大怒道：“总有一天要杀死这个人！”长孙皇后忙问要杀谁。太宗说：“魏徵常常当众侮辱我，我实在忍无可忍了！”不料长孙皇后反而向他道贺，说：“正因为您是明君，魏徵才敢这么做啊！”唐太宗心里也明白魏徵进谏有利于社稷安定，后来他对群臣说：“人家都说魏徵态度粗暴，我却觉得他脾气很好。”魏徵六十四岁时患了重病，唐太宗对此很忧虑，亲自为他求医问药。不久魏徵病逝，唐太宗痛哭失声，说：“人用铜作镜，可以正衣冠；用史作镜，可以见兴亡；用人作镜，可以知得失。魏徵逝去，我失去了一面最好的镜子。”魏徵出殡之日，唐太宗诏命百官送出郊外，自己“登苑西楼，送丧而哭”，还写了首情真意挚的《望送魏徵葬》诗，一直流传到今天。

当前，我国正在建设和谐社会，它要求家庭和睦、社会进步，封建社会的陈旧观念已经不得人心。不管是上下级、父子还是夫妻关系，都应该平等相待，才能促进社会的和谐发展。

【原文】

曰春夏，曰秋冬。[1]
此四时，运不穷。[2]

【注释】

①曰：语气助词，无实际意义。

②时：指季节。运：运行，运转。穷：尽头。

【译文】

一年之中有四个季节，叫做春、夏、秋、冬。这四个季节循环运行，没有尽头。

【评析】

一年有四季，每季为三个月。阳历的四季几乎每年都是固定的，而阴历的四季并不固定。这是因为阳历以地球绕太阳一周为一年，再把一年分割为十二个月；而阴历则以月球绕地球一周为一月，再配合地球绕太阳一周的时间，作为一年。

阴历中有“二十四节气”的说法，就是每季有六个节气，每个月有两个节气。具体地说，春季的第一个节气是立春，随后是雨水、惊蛰、春分、清明、谷雨；夏季的第一个节气是立夏，随后是小满、芒种、夏至、小暑、大暑；秋季的第一个节气是立秋，随后是处暑、白露、秋分、寒露、霜降；冬季的第一个节气是立冬，随后是小雪、大雪、冬至、小寒、大寒。二十四节气的确定大约是在春秋战国时期，它对中国古代的农业生产起着重要的指导作用。

经过几千年的积累，中华民族形成了一些富有意义的传统节日。

春节：农历正月初一，是中华民族的新年，隆重而热烈。主要习俗有贴春联、画年画、贴福字、放爆竹、拜年、舞狮、舞龙、踩高跷等。

清明节：冬至后的第一百零八天（阳历四月五日前后）。主要习俗有扫墓、踏青、荡秋千、放风筝等。

端午节：农历五月五日。主要习俗有喝雄黄酒，门悬艾蒿（hāo）、菖蒲、吃粽子、划龙船等。

中秋节：农历八月十五日。主要习俗有拜月、赏月、吃月饼等。

重阳节：农历九月九日。主要习俗有登高、赏菊、饮菊花酒、插茱萸、吃重阳糕等。

除夕：农历年的最后一天。主要习俗有吃年夜饭、守岁等。

【原文】

曰南北，曰西东。[①]

此四方，应乎中。

【注释】

①方：方向、方位。应：相应，对应。乎：相当“于”。中：南北西东四个方向的聚合点称为中，也指中央。

【译文】

南方、北方、西方、东方是四个基本方位，这四个方位与中央点相对应而确立的。

【评析】

当人们在野外迷失方向，又没有指南针等仪器时，该怎样辨别方向呢？

首先，我们可以利用地物特征。树木通常是朝南的一侧枝叶茂盛、色泽鲜艳、树皮光滑，朝北的一侧则相反，还可能生有青苔。墙、地埂、石块等凸出地面的物体向北一侧的基部较潮湿，并可能生长苔藓类植物。

其次，我们可以利用太阳和手表，其原则是“时数折半对太阳，

‘12’指的是北方”。如在上午9时，应以时针在4时30分的位置对向太阳，如在下午2时40分（即14时40分），则应以时针在7时20分的位置对向太阳，此时“12”字的方向即为北方。需要注意的是，判定方向时手表应平放，并采用当地时间。另外，在南、北纬20度之间地区的中午前后不宜使用这个方法。

在夜间，我们还可以利用星体。北极星位于正北天空，看到它就能找到北方。无法看到北极星时，则可利用仙后星座辨别方向（仙后星座由五颗较亮的星组成，形状像字母“W”），从“W”的中间位置向“W”的缺口方向延伸约缺口宽度的两倍处，就是北极星所在的位置。

【原文】

曰水火，木金土[①]。

此五行，本乎数[②]。

【注释】

①水火，木金土：古人所说的五行。五行学说的核心内容就是生克平稳。五行的相生：金生水、水生木、木生火、火生土、土生金；五行的相克：金克木、木克土、土克水、水克火、火克金。

②本：根本，本源。数：这里指自然规律。

【译文】

水火木金土是构成物质的五种基本元素，也就是人们常说的“五行”。这“五行”的相互关系，都源于自然规律。

【评析】

“五行”一词，最早出现在《尚书》的《甘誓》篇与《洪范》篇中，到周幽王时，已将“五行”认定为构成万物的五种基本物质。古人认为，世界上的万事万物都由五行组成，五行既相生又相克。

具体说来是这样的：木生火——木干暖生火；火生土——火焚木生土；土生金——土藏矿生金；金生水——金销熔生水；水生木——水润泽生木。木克土——树木可以入土；土克水——土可以覆水；水克火——水可以灭火；火克金——烈火可以熔金；金克木——铁器可以伐木。

在古代，五行还被用于取名。旧时迷信说法，人的生辰八字要五行俱全才能一生平安，否则就不吉利，必须补救。补救的办法是把五行中所缺的成分以字或以此字为偏旁的字置于名字中。鲁迅的小说《故乡》里，写到一个人物叫闰土，因为他是“闰年生的，五行缺土，所以他的父亲叫他闰土”。

从古代文献来看，“行”常用于指称自然的运行，即依循某种规则做持续运动。五行的相生相克，也就是事物除旧布新的过程，用现代的话来说，就是新陈代谢。五行学说既具有朴素唯物论和辩证法思想，也带有神秘色彩，我们要用科学的眼光看待它。

【原文】

曰仁义，礼智信。①

此五常，不容紊。②

【注释】

①仁：仁爱。义：正义，忠义。礼：礼节、礼让。智：睿智。信：诚信。

②常：规则。五常：指五种基本德性。容：容许。紊(wěn)：纷乱。

【译文】

“仁、义、礼、智、信”是中国传统社会的五种道德原则。人际交往要讲究仁爱、忠义、礼让、睿智、诚信，这样才会形成良好的社会风气、社会环境。

【评析】

汉朝时的季布以真诚守信著称于世。当时有谚语说："得黄金百斤，不如得季布一诺。"意思是说，季布许下的诺言，比金子还要贵重。后来，季布跟随项羽打了败仗，被刘邦通缉，危急情况下有许多人都出来掩护他，帮他度过了危难。最后，季布凭着诚信受到了汉王朝的重用。

春秋时，吴王寿梦的儿子季札奉命北上，途中拜访了徐国国君。徐国国君非常喜爱季札的佩剑，但不好意思开口索要。季札明白他的意思，但因为还要出使中原各国，还不能把剑送给他。完成使命后，季札回到徐国，方才知道徐国国君已死。季札心里很悲痛，特地到他的坟上去吊唁，还把佩剑解下来挂在坟头的树上。随从的人说："徐君已经死了，你把剑挂在那儿，还有什么意义呢？"季札回答："不能这么说。我当初已经在心里答应送剑给他了，怎能因为他的去世而违背自己的诺言呢？"

【原文】

稻粱菽，麦黍稷。①
此六谷，人所食。②

【注释】

①稻：稻子，去壳后叫大米。粱：粟谷，去壳后叫小米。菽(shū)：豆类的总称。麦：麦子。黍(shǔ)：黍子，去壳后叫黄米。稷(jì)：高粱。

②谷：谷物的统称，俗称粮食。食：食物，这里指吃的粮食。

【译文】

稻子、谷子、豆类、麦子、黄米、高粱叫作六谷。这六种粮食是人类的主要食物。

【评析】

唐代诗人李绅的《悯农》一诗中："锄禾日当午，汗滴禾下土。谁知盘中餐，粒粒皆辛苦。"还有俗语："民以食为天。"说明粮食是我们生存之根本。

早在五六千年前的新石器时代，我国劳动人民就已经开始种植农作物了。世界上最早的人工栽培粟出土于我国河北武安磁山遗址，据测定，其存活年代距今已有七千三百年左右。在浙江余姚河姆渡遗址发现的稻谷已有七千年左右的历史，是目前世界上已知年代最早的人工栽培稻。早在七千年前，我国长江下游的居民已经完全掌握了水稻的种植技术，并把稻米作为主要粮食。

今天，我们吃的大米有很多是杂交水稻，它是由我国杂交水稻创始人袁隆平院士发明的，被西方称为"东方魔稻"。袁隆平从1964年开始从事杂交水稻研究，用九年时间实现了三系配套，并选育了第一个在生产上可以大面积应用的强优高产杂交水稻组合"南优二号"。1950年，我国水稻的平均亩产只有141公斤，1998年达到450公斤，增长了三倍多。袁隆平院士的成果不仅在很大程度上解决了中国人的吃饭问题，而且也被认为是解决21世纪世界性饥饿问题的法宝。

【原文】

马牛羊，鸡犬豕。[①]
此六畜，人所饲。[②]

【注释】

①豕（shǐ）：猪。马能负重致远，牛能运货耕田，羊能供备祭器，鸡能司晨报晓，犬能守夜防患，豕能宴客待宾。

②畜：牲畜。饲：喂养。

【译文】

马、牛、羊、鸡、狗、猪这六种动物叫六畜，是被人类所饲养的。

【评析】

中国饲养家畜的历史是从新石器时代开始的，在距今六七千年的陕西西安半坡遗址中，发现了以上六畜的骨骼。马能负重致远，牛能耕田，犬能守门，人们饲养以上三畜，主要是为了使用；饲养其他三畜，主要是为了食用。

“犬马恋主”这个成语，说明狗和马会对饲养它的主人产生一定的感情；“老马识途”这个成语，说明马也会有记忆力。

最著名的马的故事莫过于关羽与赤兔马。《三国演义》中说，赤兔马是董卓从西凉带来的宝马良驹。董卓为了拉拢年轻将领吕布，就把这匹马送给了他。吕布得到马后就杀了原来的主人丁原，投奔到董卓的门下，当了他的义子。后来，这匹马跟随吕布大展神威。但在白门楼，因为刘备的一句话，曹操痛杀吕布，赤兔宝马也就归了曹操。也是机缘巧合，关羽为了保护刘备的两位夫人暂时投靠了曹操。曹操十分爱惜关羽这个人才，于是仿效董卓“宝马赠英雄”。关羽接受了赤兔马，但他不是为了据为己有，而是为了更快地找到刘备。从那以后，赤兔马和青龙偃月刀就成了关羽的代表形象。当关羽败走麦城，被东吴杀害后，赤兔马又为马忠所得。可这次它不再顺从着跟随新主人，绝食而亡，跟随旧主关羽而去了。

【原文】

曰喜怒，曰哀惧，①

爱恶欲，七情具。②

【注释】

①喜：高兴。怒：愤怒。哀：忧伤。惧：害怕。

②爱：倾慕，喜欢。恶（wù）：憎恶，讨厌。欲：欲念、嗜好。七情：即前面所提的人的七种感情。具：具备。

【译文】

高兴、愤怒、忧伤、害怕、喜爱、厌恶、欲念是人生来就具备的七种感情。

【评析】

人人都有“七情”，但作为一个头脑清醒的人，应该用理智来支配感情，而不能被私心邪念所控制。譬如说，人人都有生的欲望，但为了坚守良知、信念、理想，高尚的人宁愿选择死亡。

公元前100年，汉武帝派苏武出使匈奴。由于意外事件的发生，苏武受牵连被扣押。匈奴单于使用各种手段，软硬兼施，想逼迫苏武投降。但是，苏武不为甜言蜜语所动摇，在刀剑下昂首挺立，毫无惧色。李陵原本是汉将，战败后投靠了匈奴，他奉单于之命前去劝降，苏武对他说：“以死报国是我早就下定的决心。即使是下油锅，受刀剑，肝脑涂地，我也心甘情愿。”李陵听了，羞愧得无地自容。单于无计可施，就把苏武赶到荒无人烟的地方去牧羊。汉昭帝即位后，匈奴与汉和亲，苏武才得以返回。他羁留在匈奴达十九年之久，当年出使的时候还身强力壮，回来的时候已是须发尽白了。

【原文】

匏土革，木石金，[①]

丝与竹，乃八音。[②]

【注释】

①匏(páo)：匏瓜，是一种植物，果实大而扁，类似葫芦，古代常用匏瓜做乐器。土：陶土，可用来制成乐器埙(xūn)，埙形如鹅蛋，有一至六个小孔。革：皮革，可以做鼓。木：木材，可以做柷(chù)。石：玉石，可制成磬(qìng)。金：金属，可以做铜锣、铜鼓等。

②丝：弦乐器，指琵琶琴瑟之类。竹：管乐器，指箫笛之类。

【译文】

用匏瓜、陶土、皮革、木材、玉石、金属、丝弦、竹管八种材料制成的乐器，称为八音。

【评析】

这里说的"八音"并不是八种乐器，而是泛指用这八种材料制成的各种乐器。用这八种材料，可以制成一百多种乐器。据史书记载，我国发明乐器时间很早，有伏羲做琴、女娲制箫、神农氏做五弦琴的传说，这些传说人物都生活在史前时代。后来，"八音"也泛指各种音乐，如江南名园无锡寄畅园内有一景点叫"八音涧"，就是形容山泉在涧底婉转流淌，空谷回声，能产生多种音乐效果。

成语"四面楚歌"说的是音乐在战场上能产生奇特的效果。秦朝末年楚汉相争，西楚霸王项羽被汉王刘邦围困在垓下。面对久攻不下的垓下，有位谋士向刘邦建议调集数万名士兵唱楚歌(楚地流行的歌曲)，让敌军以为土地已经被占领，用歌声来动摇楚军军心。刘邦采纳了这个意见。到了夜深人静时分，围住垓下的汉军都唱起了楚歌。项羽听到了歌声后大惊失色，以为汉军已经占领了楚地，降汉的楚人已经很多了。于是，项羽和他的部下失去了固守阵地的信心，想连夜突围出去，但最终逃脱失败，在走投无路的情况下自刎于乌江边。

【原文】

曰平上，曰去入，[①]
此四声，宜调叶。[②]

【注释】

①平、上、去、入：古代汉语中的四个声调，入声在今天的普通话中已经没有了。

②调叶：调和，协调，指声音顺耳。叶，通“协”。

【译文】

平声、上声、去声、入声是古代汉语的四声，写作诗文时应该注意协调。

【评析】

从南北朝开始，文人在写诗作文时不仅要讲究句子的遣词用语，还要注意四声的交错使用，这样朗读起来才会有抑扬顿挫的效果。

古代汉语的声调和今天普通话的声调不完全一样。古代的“平声”在今天分化为“阴平”和“阳平”（一、二声），“上声”在今天大部分仍为“上声”（三声），但一部分变为“去声”（四声），“入声”在普通话里已经消失，但在江苏、浙江、福建、广东、广西、江西等地的方言中还有所保留。什么字属什么声调，在用于写诗作词的韵书中有很明确的规定。

我们知道，古代诗词都讲究押韵，四个声调和韵律的关系很密切。在韵书中，不同声调的字不能算是同韵，所以这些字不能押韵。诗词一般都押平声韵，例如李白的《静夜思》：“床前明月光，疑是地上霜。举头望明月，低头思故乡。”但也有例外，如柳宗元的《江雪》：“千山鸟飞绝，万径人踪灭，孤舟蓑笠翁，独钓寒江雪。”这首诗押的就是入声韵。

【原文】

九族者，序宗亲。①

高曾祖，父而身。②

身而子，子而孙。③

自子孙，至曾玄。④

【注释】

①族：宗族。序：排列的先后顺序。宗亲：同一宗族的亲属。

②高：高祖，祖父的祖父母。曾：曾祖，祖父母的父母。祖：祖父。父：父亲。身：自身，自己。

③子：儿子。孙：孙子。

④曾：曾孙，孙子的儿子。玄：玄孙，孙子的孙子。

【译文】

九族指的是同一祖宗的人，依照辈分排列的九代人。从高祖、曾祖、祖父、父亲到自己，再由自己到儿子、孙子、曾孙、玄孙。

【评析】

人类社会发展到有国家概念的第一个社会组织就是家族。从原始社会末期的父系家长制家族，发展到明清时期聚族而居的封建型家族，中国的封建社会是一个以血缘为纽带、以地缘为基础、以家庭为基本构成的社会。源于一个祖先、按照父系血缘积聚起来的成员的集合称为宗族，宗族的发展有一套共同遵守的规程，这就是宗族制度。宗族制度产生于夏，形成于西周，曾深刻影响中国封建社会的家族制度，并进一步形成了宗族法。

比如，姓氏就是中国传统宗族观念的外在表现。以一种血缘文化的特殊形式记录了中华民族的形成和繁衍，在中华民族文化的同化和国家统一方面起着独特的作用。大约在五千年前的伏羲氏时代，姓氏就被定为世袭，通过父系传递。受宗法制度的持续影响，几千年历史中，祭祀祖宗、传宗接代成了家族内的头等大事。尤其在汉族社会中，宗族观念根深蒂固，有着同姓聚居和修谱联宗等习俗，在全国形成了无数个大小不等的同姓人群。从某种意义上说，每个人的生命本身就是一种繁衍的过程。

【原文】

五伦者：始夫妇，[①]
父子先，君臣后，
次兄弟，及朋友。
当顺叙，勿违负。[②]

【注释】

①五伦：维持人与人之间的五种伦理关系。

②违负：违反，背离。

【译文】

五伦是从夫妇关系开始的，接下来先是父子关系，然后是君臣关系，再是兄弟关系，以及朋友关系。这些关系应当按顺序排列，不能违背。

【评析】

这段文字是从《易传》里转化而来的。《易传·序卦》中说："有天地然后有万物，有万物然后有男女，有男女然后有夫妇，有夫妇然后有父子，有父子然后有君臣，有君臣然后有上下，有上下然后有礼义。"古人把夫妇作为五伦的开始，可见夫妇关系十分重要。夫妻关系不和谐，就不会有良好的家庭环境，子女在不好的家庭环境里也就很难得到健康的成长，社会也很难平安稳定。

鲍宣是西汉人，他的妻子叫桓少君。鲍宣曾经拜少君的父亲为师，少君父亲欣赏鲍宣为人清白、读书用功的品质，就把女儿嫁给了他。出嫁时，陪嫁的礼物很多，鲍宣对少君说："你生长在富贵家庭，过惯了奢华的生活，而我却家境清寒，不敢接受那些昂贵的嫁妆。"少君回答："我父亲正是因为你品德高尚、生活俭朴才把我嫁给你的。"结婚后，少君把华丽的衣服、饰物全部收起来，改穿便于劳动的短衣裳，和丈夫一起拉着鹿车回到夫家。见过婆婆后，又赶忙提着水瓮去汲水。她的表现赢得了鲍宣的敬佩，两人生活琴瑟和谐，十分美满。

【原文】

有伯叔，有舅甥，
婿妇翁，三党名。①
斩齐衰，大小功，②
至缌麻，五服终。③

【注释】

①婿妇翁：岳父。三党：父族、母族、妻族合称三党。名：称谓，名称。

②衰：同"缞（cuī）"。斩齐衰：斩缞、齐缞两种丧服。大小功：大功、小功两种丧服。

③缌（sī）麻：一种丧服。

【译文】

父族中有伯父、叔父，母族中有舅舅、外甥，妻族中有岳父，合称"三党"。按亲疏关系不同，居丧期间所穿斩缞、齐缞、大功、小功、缌麻五种丧服。

【评析】

我国古代把人的死亡看得很重，因此，很早就出现了繁复而严格的礼仪来表达对死者的悼念和对死者进入“另一世界”的祝福。孔子死后，深深爱戴他的学生如同失去了父母一般，在孔子墓旁结庐而居，三年后才离去，子贡又继续在墓旁居住了三年。

复杂的丧服制度是丧葬礼仪中的一个方面。丧服，一般是在死者大殓(遗体入棺)的次日开始穿着，称“成服”。丧葬礼结束后，还必须在为死者进行的一系列祭悼活动中穿着，直到礼制规定允许解除的期限为止。

古代丧服按生者与死者亲属关系分为五种：斩缞，以粗麻布为衣，麻布不缝边，斩断处外露，表示不修饰，服期为三年。齐缞，也是用粗麻布制作，但已把麻布边缝齐，服期为一年。大功，用细麻布制成，经过加工，色泽较白，服期为九个月。小功，用更细的麻布制成，服期为五个月。缌麻，用精细的熟布制成，服期为三个月，是五服中最轻的一种服制。五服制度现在已经不通行了，对死者的悼念方式只要能表达心中的哀思就行，不必像古代时讲究繁琐的礼仪。

【原文】

凡训蒙，须讲究。①

详训诂，明句读。②

【注释】

①训：教诲。蒙：初生小草，这里比喻幼稚无知的孩童。训蒙：对儿童进行启蒙教育。须：必须。讲：讲解。究：考究。

②详：详细。训诂：对古代词语的解释。明：明白。句读(dòu)：古代称文辞停顿的地方为句或读，句是语意完整的一小段，读是句中语意未完、语气可停的段落。

【译文】

对儿童进行启蒙教育，必须讲究方法。要把每个字都讲清楚，

每句话都解释明白，并且使儿童懂得断句。

【评析】

我国古代历来有重视启蒙教育的传统。早在秦代，丞相李斯就撰写了《仓颉篇》，作为孩子的启蒙识字用书。汉、唐以后，有许多启蒙学书籍问世，比较著名的有《三字经》《百家姓》《千字文》等。这些启蒙读物介绍了古代有关文史哲经、典章制度、天文地理、名物典故、风俗人情、礼仪道德、勤勉故事、优秀诗歌等多方面丰富的知识，在历史上曾对普及文化知识、加强道德教育发挥过积极的作用。

我国古代教育以经学儒术为主，入馆发蒙，首先是识字，然后才能通经明义。古代刻印的书籍，既没有注释，也没有标点符号，所以在教育儿童学习古文时要让他懂得字、词的意义，明白该在什么地方停顿。

“详训诂”对真正读懂古文是十分必要的。如《红楼梦》第二回“冷子兴演说荣国府”中，引用了“百足之虫，死而不僵”的成语。“僵”字如何解释？一般人都想当然地把它解释为“僵硬”，其实是不恰当的。如果从训诂着手，借助《说文》《尔雅》等工具书，就可知道“僵”其实是“趴下”的意思，常常用来比喻某人或集团虽然失势了，但仍存在一定的气场和能量。

【原文】

礼乐射，御书数。①
古六艺，今不具。②

【注释】

①礼：礼仪。乐（yuè）：音乐。射：射箭。御：驾驶马车。书：书法，写字。数：算术。

②具：具备。

【译文】

礼仪、音乐、射箭、驾驶马车、写字、算术，这是古代读书人应该掌握的六种技艺，现代的人已不再具备了。

【评析】

教育在原始社会就已萌芽，夏朝就开始有了正式的学校。西周时的学校，有“国学”和“乡学”两种。按学习程度，分为大学、小学两类。小学主要是识字教育，此外还学习“六艺”，六艺大都是有关宗教祭祀的知识和作战的技能。大学的内容是更高深的修身、齐家、治国、平天下的本领。一般说来，贵族家的子弟八岁入小学，十五岁入大学。小学七年，大学九年或者更长一些。一个贵族子弟通常要在将近三十岁时才能完成学业，对事物有了较为成熟的认识，才有资格、有能力参与治理国家，所以古人常说“三十而立”。

【原文】

惟书学，人共遵。①
既识字，讲说文。②
有古文，大小篆，③
隶草继，不可乱。④

【注释】

①惟：只有。书学：研究文字的一种学问。遵：遵照，学习。

②说文：《说文解字》，东汉人许慎编著，是我国古代第一部系统分析字形和探究字源的字典。

③古文：甲骨文，钟鼎文。篆：篆书，分大、小篆。

④隶：隶书。草：草书。乱：混淆。

【译文】

只有文字是人人都要学习和遵守的。儿童识字以后，就要给他们讲解《说文解字》。汉字先有甲骨文、钟鼎文，然后有大、小篆，接着有隶书、草书。要了解字体产生的先后顺序，不可混淆。

【评析】

汉字起源于记事性的图画，但图画的表现方法非常有限，于是人们对它进行简化、整理、充实，使它成为语言的符号，并有了读音。这样，文字便产生了。

在距今六七千年的西安半坡遗址出土的彩陶上，有一些类似文字的刻画符号，可以说是中国文字的起源。19世纪末，在河南安阳小屯村（商王朝的首都）出土了大批的龟甲兽骨。这些龟甲兽骨上刻有文字，被称为“甲骨文”。这是迄今发现保存较完整的最早的汉字，距今已有三千多年历史了。

到了西周，大篆产生了。秦朝的丞相李斯把大篆加以简化，改良成小篆，也叫秦篆。与此同时，隶书也产生了。到了汉朝，又出现了楷书。东汉时，行书开始流传。草书的出现时间大约在隶书之后，具体情况已无从考证了。

【原文】

若广学，惧其繁。①
但略说，能知原。②
为学者，必有初。③
小学终，至四书。④

【注释】

①广学：广泛学习。惧：恐怕。繁：繁琐。

②但：只。原：本源。

③为：作为。学：学习。者：……的人。必：必须。有：拥有。初：开始，开端。

④小学：《小学》，南宋朱熹(xī)编写的一本儿童读物。终：完，结束。四书：儒家经典，《论语》《孟子》《大学》《中庸》合称“四书”。

【译文】

若要广泛学习，恐怕太繁杂。只是简要作一下说明，可以知道学问的来源。作为一个读书求学的人，必须有个良好的开端。先把《小学》读完，再学习《论语》《孟子》《大学》和《中庸》。

【评析】

古人读书讲究先易后难、循序渐进的原则。孔子的学生就赞扬孔子“循循然善诱人”。孟子也认为，教学是一个自然发展的过程，一方面应自强不息，不可松懈或间断，另一方面也不应流于急躁或超越常规。孟子还以禾苗的自然生长来譬喻人受教育的过程，既要尽力耕耘，又不能拔苗助长，急于求成。

今天的一些家长“望子成龙”“望女成凤”的心情非常迫切，时常做出一些拔苗助长的事，这对孩子的健康成长是很不利的。古语说“欲速则不达”，确实是至理名言。

张溥是明代末年的著名学者。中学语文教材选有《五人墓碑记》一文，就是他写的。张溥年轻时求学十分注重打好基础，凡是读过的书，一定要亲手抄录，抄录后朗诵一遍，就把它烧掉。如果没记住，就重新抄录，再朗诵。像这样往往要重复六七次才能把抄录的内容记住。由于写得多，他右手握笔的地方都长出了厚厚的老茧。冬天手指开裂，每天要在热水里泡洗好几次。后来，他干脆把自己的书斋定名为“七录斋”，以督促自己反复地、刻苦地学习。由于勤学苦练，张溥的功底十分深厚，所写诗文十分精美，名气很大。

【原文】

论语者，二十篇。[①]
群弟子，记善言。[②]

【注释】

①论语：《论语》，儒家最重要的经典。是孔子在鲁国与弟子论学、论治、论礼、论乐的语录体散文，分为二十篇。

②群弟子：指孔子的学生们。记：记录，记载。善言：有教育意义的言论。

【译文】

《论语》这部书共分为二十篇，是孔子的弟子和再传弟子们记录下孔子一生有教育意义的言论。

【评析】

《论语》主要记载孔子的言语、行事，也记载着孔子的一些学生的言行。“论”是论说研讨之意；“语”就是说的话。所谓“善言”，就是好话，对人对己有益处的话。《论语》这部书是若干谈话断片的集合体，篇章的排列比较随意，前后之间看不出逻辑性。《论语》的作者不是一个人，不但出自孔子不同学生之手，而且还出自他不同的再传弟子之手。这部书的编写时间大概是在战国初期，编辑者是孔子弟子曾参的学生。

《论语》全书篇幅不长，仅一万五千九百多字，但涉及面很广，包括了道德、修养、政治、学习等许多内容。阅读《论语》，可以帮助我们了解孔子到底是个怎样的人。譬如，孔子说自己的理想是“让老年人生活安逸，让朋友们信任我，让年轻人怀念我”。孔子认为，治理国家要重视三件事——粮食充足、军备无缺、人民信任，其中又以人民信任最为重要。孔子又说：“不义而富且贵，于我如浮。”意思是说，干不正当的事得来的富贵，在我看来好像浮云。在处理人际关系的问题上，孔子提出“己所不欲，勿施于人”的著名主张，即自己所不想要的东西，就不要强加给别人。

《论语》中有许多思想精华，对今天仍有积极的意义，我们应该发扬光大。

【原文】

孟子者，七篇止。①

讲道德，说仁义。②

【注释】

①孟子：姓孟，名轲，字子舆。这里指《孟子》这本书，《孟子》七篇。止：结束。

②讲：讲述。说：宣讲。

【译文】

通行说法，《孟子》这部书是孟轲与其弟子万章所写的，共有七篇，内容是讲述道德、宣传仁义等优良品行的言论。

【评析】

孟子，名轲，字子舆，邹(今山东邹城东南)人，战国时思想家。他是孔子的孙子孔伋的学生，代表孔门嫡系正传。他着重发挥了孔子的“仁学”，提出“仁政”的主张，强烈反对开疆辟土的兼并战争，谴责暴君污吏，公开提出“民为贵，君为轻”的口号。由于他的政治主张不合时宜，遭到各国诸侯的拒绝。于是，他便开设学馆教授生徒，把“得天下英才而教育之”作为人生一大乐趣。到了晚年，孟子更是专心于著述讲学。

孟子认为“仁政”的核心是“保民”，只有推行“仁政”，才能无敌于天下。这种主张在当时未能行得通，却为后世统治者提供了基本的治国方略。孟子也强调“义”，“义”的本意是行为合理、适宜。

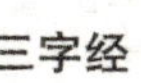

孟子认为，一个完善、高尚的人应轻利重义，生死关头要舍生取义。他心目中的理想人格是："富贵不能淫，贫贱不能移，威武不能屈"。

孟子在宣传儒家学说的时候，将自己的浩然正气充盈于思想之中，其精神品格对后世的影响力和感召力不可估量。

【原文】

作中庸，子思笔。①
中不偏，庸不易。②

【注释】

①中庸：《中庸》，儒家经典之一，子思著。子思：孔子之孙，孔鲤之子。笔：书写。

②中：不偏不倚，无过无不及。偏：偏差。庸：平常，指中和常行之道。易：改变。

【译文】

《中庸》这本书的作者是子思，"中"是不偏的意思，"庸"是不变的意思。

【评析】

子思是孔伋的字。孔伋是孔子之孙，相传受业于孔子的学生曾参。子思与他的学生孟子的学说，被后人称为"思孟学派"。他系统发展了孔子的"中庸"思想。所谓"中庸"，就是处理任何问题都要坚持一定的准则，不偏不倚。在学习方面，他还说出被后世视为格言的一段话："博学之，审问之，慎思之，明辨之，笃行之。"即要广博地学习、详尽地发问、仔细地思考、正确地辨别、忠实地实行。

在《中庸》这本书里，子思还提出了著名的"慎独"思想。"君子慎其独"是说，君子在无人注意的时候，也会严格要求自己，不做违背道德的事。换成现在的话说，慎独就是一种自律意识。历史上有很多关于慎独的例子。如林则徐在居所悬挂一幅醒目的中堂，上书“慎独”二字，以警醒、勉励自己。晚清名臣曾国藩在遗嘱中第一条说到的就是“慎独”。他说：“慎独则心安。自修之道，莫难于养心，养心之难，又在慎独。能慎独，则内省不疚，可以对天地质鬼神。人无一内愧之事，则天君泰然，此心常快足宽平，是人生第一自强之道，第一寻乐之方，守身之先务也。”对我们来说，自律，就要做到处处自觉遵守道德规范，做到独处时也要谨慎不苟，在生活上严格要求自己，对得起良心。

【原文】

作大学，乃曾子。①

自修齐，至治平。②

【注释】

①大学：《大学》，儒家经典著作之一，曾子著。曾子：姓曾，名参，字子舆，孔子的学生。作《大学》一书，俱述孔子之言，分为十章，有三纲领、八条目。三纲领是“在明德，在亲民，在止于至善”；八条目是“格物、致知、诚意、正心、修身、齐家、治国、平天下。”

②修齐：修身、齐家。治平：治国、平天下。

【译文】

《大学》这本书的作者是曾子。《大学》主要讲述从提高自身修养、管理家庭到治理国家、平定天下的方法。

【评析】

曾参是孔子的得意门生，以孝行著称。他曾当过小官，俸禄虽低，但他不以为意，觉得能够养活自己和父母亲就够了。他严于律己，注重自我修养，一贯奉行“忠恕之道”，后人尊称他为“曾子”。

《大学》全篇只有一千七百多字，提出了从加强自身修养到实现人生价值的八道程序：格物、致知、诚意、正心、修身、齐家、治国、平天下。格物，就是观察、分析、推究事物原理。致知，就是达到明智境界。诚意、正心、修身，讲的都是加强自我修养，纯化自己的思想素质。有了这样的基础，才有可能管理好家庭、国家、天下。简而言之，一个想有所作为的人，必须先提高自己的知识、道德、能力，然后才能对家庭和社会作出贡献。

【原文】

此二篇，在礼记。①

今单行，本元晦。②

【注释】

①此二篇：上文介绍的《中庸》《大学》。礼记：《礼记》这本书，儒家经典之一，讲述秦汉以前的各种礼数。

②单行：单独流行。本：本于，从……开始。元晦：南宋朱熹，字元晦。

【译文】

《中庸》和《大学》本来是《礼记》中的两篇，现在成为单独流行的两本书是从朱熹开始的。

【评析】

《礼记》共有四十九篇，南宋的朱熹把《中庸》《大学》从《礼记》中抽取出来，单独成书，连同《论语》《孟子》合称“四书”，被称为儒家经典。朱熹编撰的《四书章句集注》在明清两代被统治者定为读书人的必读书，很多科举考试的题目是从“四书”中选出的，应试者根据题目展开论述时，要以《四书章句集注》等书为依据，不能随便发挥。

科举制度是中国历史上选拔官员的一项基本制度，从隋朝到清朝，绵延存在了一千三百余年。应该说，科举制度是一种具有开创性和平等性的官吏人才选拔制度，但后来，它逐步成为僵化模式，特别到晚清，成了严重束缚知识分子的枷锁，暴露出种种弊端，后来被废弃。

“金榜题名”一词大家并不陌生，但对它的出处并不见得人人都清楚，见过金榜的人更是微乎其微。在中国第一历史档案馆里，保存着清朝一百多幅金榜原件。金榜，是中国封建社会科举考试制度中最高一级考试——殿试的成绩排名榜。因为它书写在黄纸上，也称黄榜；又因为它是由皇帝亲自批准，并盖有“皇帝之宝”大印，所以还有一个名称——皇榜。

【原文】

孝经通，四书熟。①
如六经，始可读。②
诗书易，礼春秋。③
乐经亡，余可求。④

【注释】

①孝经：《孝经》，儒家经典之一，为孔门后学所作，论述孝道，宣传宗法思想，共十八章。通：精通，明白。熟：熟知，通晓。

②六经：《诗》《书》《易》《礼》《乐》和《春秋》六部经书的总称。始：开始，才。

③诗、书、易、礼、春秋：指上句所说的六经中的五经，其中《礼记》分为《周礼》和《戴礼》。

④乐经：《乐经》。亡：亡佚、失传。余：其他。求：寻找。

【译文】

《孝经》的道理弄明白了，再读熟四书，才可以读像六经这样比较深奥的书。《诗经》《书经》《礼经》《乐经》《易经》《春秋》号称“六经”，其中《乐经》已失传，其余的都保存至今。

【评析】

这一段文字主要介绍读书的方法。为什么要先读通《孝经》呢？中国封建时代讲究以孝治天下，把“孝”提高到与天道、地道平等的地位，认为天有其必然规律，地有其必然规律，人的孝行也像天和地的规律一样具有必然性，孝顺父母是天经地义的事情。把天道、地道和人道这“三才之道”融为一体，并按照这个规律去治理天下，天下才会太平。“四书”包含了儒家最基本、最重要的思想，所以也要把它学好。有了这样的基础，再去读“六经”就比较容易了。

六经分别从人文科学、社会科学、宗教文化等不同的角度对儒家经典进行阐述和发挥，其中包含了中国文化的大量信息。要了解中国传统文化，必须熟读六经。但六经深奥难懂，应该循序渐进，才能深刻理解。

【原文】

有连山，有归藏，①
有周易，三易详。②

【注释】

①连山：《连山易》，相传是伏羲氏作。归藏：《归藏易》，相传是黄帝作。

②周易：《易经》，相传是文王、周公、孔子作。三易：《连山》《归藏》《周易》三部书合称为《三易》。详：周详。

【译文】

《连山》《归藏》和《周易》，这三部书合称《三易》，这三本书对宇宙间万事万物循环变化的道理阐述得很周详。

【评析】

“易”是古代卜筮之术，用“卦”来说明宇宙间万事万物循环变化的道理，或者推断世事的发展变化。今天留存下来的仅有《周易》一种，又称《易经》。《周易》由卦、爻两种符号和说明卦的卦辞、说明爻的爻辞构成，分上下两卷，共六十四卦和三百八十四爻。人们常说的“八卦”是指八种基本图形，它们的名称是乾、坤、震、艮、离、坎、兑、巽，分别象征着天、地、雷、山、火、水、泽、风八种自然现象。八卦通过每两个轮流组合，便成为六十四卦。《周易》虽然有神秘、迷信色彩，但也保留了上古社会的一些情况及古人的思想认识资料，并且蕴含着极为深刻的哲学道理，具有无法估量的学术价值。

【原文】

有典谟，有训诰，[①]
有誓命，书之奥。[②]

【注释】

①典：记载帝王立国的原则，叫作典。谟（mó）、训诰（gào）：帝王告诫的言辞。

②誓：出师告诫将士的言辞。命：君主所发布的命令。书：《尚书》。奥：深奥。

【译文】

《尚书》有典、谟、训、诰、誓、命等文体，书中内容道理很深奥。

【评析】

《尚书》在先秦时称为《书》，从汉代开始称它为《尚书》，意思是上古之书，也称《书经》。是我国第一部历史文献资料汇编，同时，也被历代统治者作为起草公务文书的参照。

相传孔子曾编过《尚书》一百篇，后屡有散佚，也有补充。今存的《尚书》五十八篇，其中有些可能是伪作。《尚书》是商周时期的史料汇编，包括《虞书》《夏书》《商书》《周书》四个部分。《虞书·尧典》等记载尧、舜、禹等人的传说，是后人的追述，不是当时的记录。《商书·盘庚》篇是可靠的殷代作品，记载了盘庚为说服众人迁都于殷而发表的言辞，可以算作是中华历史上最早的演讲词。《周书·无逸》篇记载了周公在把政权交给其侄子成王(周武王姬发之子)时对他的一番谆谆告诫。《周书·大诰》篇是周公对诸侯的训令。

【原文】

有国风，有雅颂。①

号四诗，当讽诵。②

【注释】

①国：诸侯所封之国。风：民间歌谣。雅：正乐之歌。分为“大雅”和“小雅”。颂：宗庙祭祖之乐歌。

②四诗：《国风》《大雅》《小雅》《颂》合称为四诗。当：应当，应该。讽诵：背诵熟读。

【译文】

《诗经》分为《国风》《大雅》《小雅》《颂》四个部分，合称为四诗。应当经常诵读吟咏。

【评析】

《诗经》被称为“诗歌之祖”，是我国第一部诗歌总集，原名《诗》，或称“诗三百”，共有三百零五篇。汉代学者奉它为经典，才称为《诗经》。全书主要收集了周初至春秋中期五百多年间的作品，成书时间大约在公元前6世纪。产生的地域大约在今陕西、山西、河南、河北、山东及湖北北部一带，作者包括了从贵族到平民的社会各阶层人士。

《诗经》中的作品按风、雅、颂分为三类，这是最被古今认可的分类方法，还有人主张分为四类或六类。风，即国风，又称“十五国风”，是当时十五个地区的民歌、民谣，共有一百六十篇。雅，即正，指朝廷正乐。雅分大小，关于其分类标准古今说法很多，意见并不一致。大雅有三十一篇，作者主要是上层贵族；小雅有七十四篇，作者既有上层贵族，也有下层贵族和地位低微者。颂是宗庙祭祀之乐，许多都是舞曲，共有四十篇。

在《诗经》的许多作品，立足现实，真实反映了那个时代的社会状况和下层民众的劳作、生活，是我国最早的富于现实精神的诗歌。这种精神，被后人概括为“风雅”精神。《诗经》所采用的赋、比、兴等表现手法，也开启了我国古代诗歌创作的基本手法。

【原文】

我周公，作周礼，①
箸六官，存治体。②

【注释】

①周公：周文王的四子，辅佐成王治理国家。周礼：书名，又名《周官经》，传为周公著。

②箸：同“著”，制定的意思。六官：《周礼》分天官、地官、春

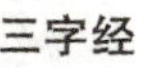

官、夏官、秋官、冬官六部分叙述周代的政治制度。

【译文】

周公辅佐成王治理国家，作《周官经》一书，它的基本内容规定了官员编制和国家机构的设置。

【评析】

中国古代倡导礼乐文明，说到礼乐文化，不能不提到《周礼》《仪礼》和《礼记》，即通常所说的“三礼”。“三礼”是古代礼乐文化的理论形态，对礼法、礼义作了最权威的记载和解释，对历代礼制的影响最为深远。

《周礼》也称《周官》或《周官经》，相传为西周时期的著名政治家、思想家、文学家、军事家周公旦所著。它是一部通过官制来表达治国方案的著作，内容极为丰富。《周礼》六官的分工大致为：天官主管宫廷，地官主管民政，春官主管宗族，夏官主管军事，秋官主管刑罚，冬官主管营造，涉及社会生活的所有方面，在上古文献中实属罕见。《周礼》所记载的礼的体系最为系统，既有祭祀、朝觐、封国、巡狩、丧葬等国家大典，也有如用鼎制度、乐悬制度、车骑制度、服饰制度、礼玉制度等具体规制，还有各种礼器的等级、组合、形制、度数的记载。许多制度仅见于此书，因而尤其宝贵。

【原文】

大小戴，注礼记。①
述圣言，礼乐备。②

【注释】

①大小戴：大戴是指戴德，小戴是指戴圣，戴圣是戴德的侄子；他们是汉代大儒。注：注释。礼记：《礼记》，书名，有两种，戴德所编称《大戴礼》，共八十五篇；戴圣所编称《小戴礼》，共四十九篇。

②述：记述。圣言：圣人的言论。备：齐全，完备。

【译文】

戴德和戴圣都曾汇编《礼记》并作注，记述了圣人的言论，完备地记录下上古的礼乐制度。

【评析】

《礼记》是中国古代一部重要的典章制度书籍。该书编定是西汉礼学家戴德和他的侄子戴圣。戴德选编的八十五篇叫《大戴礼记》，在后来的流传过程中若断若续，到唐代只剩下了三十九篇。戴圣选编的四十九篇本叫《小戴礼记》，即我们今天见到的《礼记》。这两本书各有侧重和取舍，所以各有特色。东汉末年，著名学者郑玄为《小戴礼记》作了出色的注解，后来，这个注释版本便盛行不衰，并由解说经文的著作逐渐成为经典，唐代被列为“九经”之一，到宋代被列入“十三经”之中，成为读书人必读之书。

《礼记》的内容主要是记载和论述先秦的礼制、礼仪，解释仪礼，记录孔子和弟子的问答，记述修身做人的准则。实际上，这部九万字左右的著作内容广博，门类杂多，涉及法律、道德、哲学、历史、祭祀、文艺、日常生活、历法、地理等诸多方面，包罗万象，集中体现了先秦儒家的政治、哲学和伦理思想，是研究先秦社会的重要资料。

《礼记》全书用散文写成，一些篇章具有相当高的文学价值。有的用短小生动的故事阐明某一道理，有的气势磅礴、结构谨严，有的言简意赅、意味隽永，有的擅长心理描写和刻画，书中还收有大量富有哲理的格言、警句，精辟而深刻。

【原文】

诗既亡，春秋作。①

寓褒贬，别善恶。②

【注释】

①诗：《诗经》。既：已经。亡：衰败，冷落。春秋：书名。相传是孔子根据鲁国史书编订而成。

②寓：寓含。褒：表扬。贬：批评。别：辨别，区分。

【译文】

由于周朝的衰败，《诗经》也跟着被冷落，孔子作了《春秋》。书中隐含着对现实政治的褒贬以及对善恶行为的辨别。

【评析】

孔子生活在春秋末年。“诗既亡”不是说《诗经》不存在了，而是指“王者迹息”——周王朝已日趋衰落，各诸侯国忙着攻城略地，争霸天下。孔子有心救世，也曾奔走于齐、卫、宋、陈、蔡、楚等国，后来见世事已不可为，便返回鲁国编写了我国第一部编年史著作——《春秋》。

《春秋》本是周王朝和各诸侯国历史的通称，后特指经过孔子修订的鲁国的编年史。它记载了自鲁隐公元年至鲁哀公十四年(前722年—前481年)的历史，对这一时期的史事作了简洁的大纲式的叙述。《春秋》的主要思想是倾向维护周礼，反对僭越违礼行为，贬斥邪说暴行。作者善于以一字寓褒贬，如杀有罪的人用“诛”字，杀无罪的人用“杀”字，下级杀上级用“弑”字，这种写法被后人称为“春秋笔法”。

【原文】

三传者，有公羊，[①]

有左氏，有穀梁。[②]

【注释】

①传(zhuàn)：对经典作品作注释的著作叫传。公羊：即公羊

高，鲁国(今山东)人，作《春秋传》一册，称为《公羊传》。

②左氏：即左丘明，作《春秋传》一册，称为《左传》。穀(gǔ)梁：即穀梁赤，作《春秋传》一册，称为《穀梁传》。

【译文】

给《春秋》这部书作解释的有“三传”，即公羊高著的《公羊传》，左丘明著的《左传》和穀梁赤著的《穀梁传》。

【评析】

《公羊传》《春秋左氏传》《穀梁传》合称“春秋三传”。其中以《春秋左氏传》最为有名。《春秋左氏传》简称《左传》，又名《左氏春秋》。《左传》记事，起于鲁隐公元年(前722年)，止于鲁悼公四年(前464年)，基本与《春秋》重合。著者以《春秋》的记事为纲，增加了大量的历史事实和传说，反映了这个历史阶段中周王室的衰落和诸侯的争霸，表现了新旧政治势力的消长，还揭露了暴虐荒淫之辈，赞扬了忠良正直之士。

《左传》虽然不是文学著作，但从广义上看，仍应该说是中国第一部大规模的叙事性作品。比起以前的著作，《左传》的叙事能力有了惊人的发展，许多头绪纷杂、变化多端的历史重大事件，都处理得有条不紊，繁而不乱。其中关于战争的描写，尤其为后人称道。《左传》所记的外交辞令也很精彩，它以原始的官方记录为依据，经过作者的精心润饰，显得精练、严密而有力。最突出的例子，要数“烛之武退秦师”一节。整篇说辞不到二百字，却紧紧抓住秦国企图向东发展而受到晋国阻遏的处境，说服秦国保全郑国作为它在中原的基地，从而轻而易举地瓦解了秦晋两大国之间的联盟，挽救了身处绝境的郑国，至今读来，仍是无懈可击。

《左传》的出现标志着我国叙事散文的成熟，被誉为先秦散文“叙事之最”。

【原文】

经既明，方读子。①
撮其要，记其事。②

【注释】

①经：圣人的著作称经，这里指儒家经典。方：才。子：指诸子百家的著作。

②撮(cuō)：提取。要：要点。记：记住，牢记。

【译文】

经书全部读熟了，才可以读诸子百家的书。阅读时要选取重要的部分来读，记住其中的事理。

【评析】

春秋战国时代是我国古代社会大动荡、大变革、风云变幻的时期，社会经济、政治、思想、文化都在激烈而又复杂的阶级斗争中发生了很大的变化。在剧烈的社会变革中，不同的阶级与阶层的代表人物对社会变革发表不同主张，于是出现了“百家争鸣”的情形，主要有儒、道、法、墨、名、兵、农、阴阳、纵横、杂等家，但对后世大一统王朝产生重大影响的只有儒、道、法三家。

由于春秋战国时期的分裂局面，各个学派在建立时大都有一定的地域性，如邹鲁(今山东曲阜)是儒家、墨家的发祥地，三晋(今山西翼城)是法家的温床，南方是道家的摇篮，而燕、齐(今河北北部、山东淄博)是阴阳家的诞生地。这些学派的基本宗旨大都是为国君提供政治方略，如儒家主张以德化民，道家主张无为而治，法家主张赏罚必信，墨家主张兼爱尚同，名家主张去尊偃兵。到了西汉初期，开始把春秋后期至汉初各学派总称为“诸子百家”。“子”是古代对男子的尊称，譬如称孔丘为孔子，孟轲为孟子，荀况为荀子。

春秋战国时代是中国封建文化的发祥期，“诸子百家”学说对中华民族几千年的灿烂文化有着极其深远的影响，为千秋万代留下了极其宝贵的精神财富。

【原文】

五子者，有荀扬。①

文中子，及老庄。②

【注释】

①荀：即荀子。荀子名卿，楚国兰陵人，作《荀子》上下二篇。扬：即扬雄，汉代成都人，著《太玄经》《法言》二书。

②文中子：姓王，名通，隋代龙门人，著《元经》《中说》二书。老子：姓李名耳，周初亳邑人，作《道德经》。庄子：名周，楚国蒙城人，作《南华经》。

【译文】

诸子百家中的五子指荀子、扬子、文中子、老子和庄子。

【评析】

荀子，战国后期思想家，又称荀卿。荀子批判和总结了先秦诸子的学术思想，对古代唯物主义思想有所发展。他反对鬼神迷信之说，肯定“天行有常，不为尧存，不为桀亡”，即自然运行法则不以人们意志为转移的客观存在，并提出“人定胜天”的思想。和孟子的“性善”说相反，荀子认为人性生来是“恶”的，要有“师法之化，礼义之道”，才可以为善。这说明他很重视环境和教育对人的影响。

扬雄，一作杨雄，西汉后期著名辞赋家、哲学家、语言学家。他好学深思，但口吃不善言谈。他著有《甘泉》《羽猎》等四赋，为汉王室歌功颂德。晚年时他感到辞赋无益于世道，转而研究哲学，仿《论语》作《法言》，仿《易经》作《太玄》。

王通，字仲淹，隋朝哲学家。曾写《太平策》十二篇献给隋文帝，因为被朝臣疑忌，返归乡里。后来朝廷屡次征召都不肯出仕，在家乡以教书为生。死后私谥为文中子。他适应全国统一的形势，主张儒、佛、道三教归一，而以儒家为基本立足点。

老聃，即老子。春秋末年思想家，道家创始人。他在东周时做过管理藏书的史官，通晓古今之变。晚年退隐于沛（今江苏沛县），躬耕教书，讲道论德。后西入关中，客死于秦。他著有《道德经》上下篇，即现在的《老子》。该书富有朴素的辩证法思想，如“正复为奇，善复为妖”“祸兮福所倚，福兮祸所伏”等。

庄周，即庄子。战国时思想家。他生活贫穷困顿，却鄙弃荣华富贵，力图在乱世中保持独立的人格，追求精神自由。他继承和发展了老子的学说。其《庄子》共三十三篇，表现出超常的想象力，论辩风格雄奇瑰丽，语言行云流水、汪洋恣肆，具有很高的文学价值。

【原文】

经子通，读诸史。①
考世系，知终始。②

【注释】

①诸史：历朝历代的史书。

②考：考查，考证。世系：帝王、贵族世代相承的系统。终始：王朝兴亡的始末。

【译文】

通晓经书和子书后，再读各种史书。从中考究各朝代相承的系统，了解历史兴衰的过程和原因。

【评析】

古代读书人在阅读上特别注重读史书，史书主要有通史和断代史两种。

通史指贯通古今的史书，如西汉司马迁写的《史记》，起自传说中的黄帝，止于作者生活的汉武帝时期，时间纵贯三千年。又如宋朝司马光主持编撰的《资治通鉴》属编年体通史，记载了从战国至五代共1362年的历史。

断代史是以某一个朝代为时限的史书，如班固编撰的《汉书》是我国第一部纪传体断代史。在二十五史中，除《史记》外，其他都是断代史。此外，还有以记载事件为中心的纪事体史书，将重要史事分别列目，独立成篇，各篇又按年月的顺序编写，可补编年、纪传体史书之不足。南宋袁枢的《通鉴纪事本末》是我国第一部纪事体史书，以《资治通鉴》为取材范围，把一千三百多年间发生的大事归纳成239个题目(从“三家分晋”到“世宗征淮南”)，将每件大事的来龙去脉记述得一清二楚。此后，还有明代陈邦瞻的《宋史纪事本末》《元史纪事本末》和清代谷应泰的《明史纪事本末》等。

【原文】

自羲农，至黄帝。①
号三皇，居上世。②

【注释】

①羲农：神话传说中的二位氏族首领。羲：伏羲氏，风姓，号太昊。农：神农氏，姜姓，号炎帝。黄帝：姬姓，名轩辕，轩辕氏族的首领。

②居：居住，生活。上世：上古时代。

【译文】

从伏羲氏、神农氏到黄帝，号称为“三皇”，都生活在上古时代。

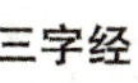

【评析】

中华民族的后代一向自称为“炎黄子孙”。炎黄，就是指炎帝和黄帝。炎帝是上古传说中姜姓部落的首领，原来定居在西北高原。黄帝相传姓公孙，因为他以“土德”为王，土是黄色，所以称为黄帝。他是轩辕氏部落的首领，也定居在西北高原，与炎帝都出于少典氏。也就是说，炎帝与黄帝本来就是近亲关系。后来，炎帝部落与黄帝部落分路东进，在这过程中产生了矛盾，双方在阪泉(今河北涿鹿东南)打了一仗，炎帝部落被打败，两个部落终归黄帝统管。

与此同时，东方的九黎族强大了起来，以现在的山东、河南、河北三省交界的地方为活动中心。蚩尤是九黎族的首领，据说他有兄弟八十一人，个个长着猛兽的身体，铜头铁额，凶猛无比。蚩尤常率领他的部落侵犯别的部落，黄帝就联合其他部落，在涿鹿展开了对蚩尤部落的大决战。最终，蚩尤战败。从此，黄帝就成了中原地区的部落联盟首领。后来“黄帝”的称号就成为华夏族(中原各族)共同团结、发展的旗帜。

【原文】

唐有虞，号二帝。①
相揖逊，称盛世。②

【注释】

①唐：即唐尧，又称“帝尧”。虞：即虞舜，又称“帝舜”。二帝：指尧舜二帝。

②揖(yī)逊(xùn)：谦让，指尧主动把王位让给舜。

【译文】

唐尧和虞舜，号称“二帝”，尧把帝位传给了德才兼备的舜，在两位君主的治理下，天下太平，人人称颂。

【评析】

唐尧又称陶唐氏，虞舜又称有虞氏。唐尧是黄帝的后代，因儿子丹朱性格高傲凶狠，不务正业，于是把王位传给了贤明的虞舜，还把两个女儿娥皇、女英嫁给他，娥皇为后，女英为妃。舜不负尧的信任，使人民过上了安定的生活，娥皇、女英也鼎力协助舜为百姓做好事。

舜晚年时，九嶷山一带发生战乱，舜想到那里视察一下实情，就把这个想法告诉了娥皇、女英。两位夫人争着要和舜一块儿去，但舜考虑到山高林密、道路曲折，就带着几个随从悄悄地出发了。后来，娥皇、女英得知虞舜已走，立即起程追赶。追到扬子江边，狂风大作，一位渔夫把她们送上了洞庭山(今岳阳君山)。就在这时，她俩听到了舜积劳成疾而逝的消息，非常悲伤，天天扶着竹子向九嶷山方向泣望，把这里的竹子染得泪迹斑斑。传说斑竹就是这么来的，所以斑竹又称湘妃竹。最后，她俩投湘水而亡，成了湘水之神。

【原文】

夏有禹，商有汤。①
周文武，称三王。②

【注释】

①夏：国号。禹：姓姒，受虞舜禅位当了君王，国号为夏，历史上称为夏禹王。商：国号。汤：汤王，姓子，推翻夏朝当了君王，改国号为商，历史上称商汤王。

②周文武：文王姓姬，名昌，武王是文王的儿子，名发，推翻了商朝当了君王，追尊其父为周文王。

【译文】

夏代的开国君主是禹，商代的开国君主是汤，周朝的开国君主是文王和武王，这几个德才兼备的君主被后世称为“三王”。

【评析】

关于大禹，人们最熟悉的是他治水的故事。传说在帝尧时期，黄河流域经常发生洪水。为了制止洪水泛滥，保护农业生产，尧帝曾召集部落首领会议，征求治水能手来平息水害。鲧被推荐来负责这项工作。鲧接受任务后，采用堤工障水，作三仞之城，就是用简单的堤埂把居住区围护起来以抵挡洪水，九年而不得成功，最后被放逐羽山而死。舜帝继位以后，任用鲧的儿子禹治水。禹总结父亲的治水经验，改鲧“围堵障”为“疏顺导滞”的方法，就是利用水自高向低流的自然趋势，顺地形把壅塞的川流疏通。把洪水引入疏通的河道、洼地或湖泊，然后合通四海，从而平息了水患，使百姓得以从高地迁回平川居住和从事农业生产。后来禹因此而成为夏朝的第一代君王，并被人们称为“神禹”而传颂于后世。

在大禹治水的过程中，留下了许多感人的事迹。相传他借助自己发明的原始测量工具——准绳和规矩，走遍大河上下，用神斧劈开龙门和伊厥，凿通积石山和青铜峡，使河水畅通无阻。他治水居外十三年，三过家门而不入，连自己刚出生的孩子都没工夫去爱抚，不畏艰苦，身先士卒，腿上的汗毛都在劳动中被磨光了。他是中国历史上第一位成功治理黄河水患的治水英雄。

【原文】

夏传子，家天下。[①]

四百载，迁夏社。[②]

【注释】

①家天下：尧舜二帝不传子而传贤，帝位禅让制，天下为公。夏禹王不传贤而传子，实行世袭制，以天下为自家。从夏禹王到夏朝覆灭共经历十七主，四百三十九年。

②载：年。迁：改变。社：社稷，即国家政权。

【译文】

从夏禹王开始，将君位传给儿子，从此天下被一家统治。夏朝延续了四百多年后被汤灭亡。

【评析】

唐尧把王位传给舜而不传给无德无能的儿子丹朱，虞舜把王位传给禹而不传给不争气的儿子商均，这都是“公天下”的表现。大禹死后，禹所在的夏部落的贵族没有按照选贤任能的原则推举新的首领，而是拥戴禹的儿子启继承了王位，这就是“家天下”的开始，夏王朝统治了四百多年，到了公元前16世纪，夏桀即位。他是个暴君，生活荒淫奢侈，天下百姓恨之入骨，怨声四起。

这时候，处于黄河下游的商部落的首领汤准备起兵进攻夏朝。起兵之前，他和助手伊尹商量。伊尹说：“现在夏桀还有力量，我们不妨先不去朝贡，试探一下。”商汤停止朝贡后，夏桀果然大怒，命令九夷发兵攻打商汤。商汤一看九夷还服从夏桀的指挥，赶快请罪，恢复了进贡。过了一年，九夷中一些部落忍受不了夏桀的压榨，也开始反叛。这时候，商汤认为时机已经成熟，就发兵进攻。夏、商两军在鸣条(今山西运城一带)交战，商军大胜。夏桀一直逃到南巢(今安徽巢湖一带)，汤追到那里，制服了他，把他就地囚禁，一直到他死去。夏朝就这样灭亡了。

【原文】

汤伐夏，国号商。①
六百载，至纣亡。②

【注释】

①汤：成汤王，商朝的开国君主。伐：讨伐。夏：夏桀王，夏朝末代君主。

②纣(zhòu)：殷纣王，商朝的最后一位君主。商朝经历30主，共644年。

【译文】

汤王讨伐夏桀，灭亡了夏朝，建立商朝。商朝经历了六百多年，到商纣王时灭亡。

【评析】

汤灭掉夏、建立商王朝后，采取减轻征敛、鼓励生产的方法，扩展了统治区域，影响远及黄河上游一带，连僻处西境的部落都来归附进贡。汤共传了三十代，约六百年，最后一个就是商纣王(又称殷纣王)。

纣王和夏桀一样，只知自己享乐，根本不顾百姓死活。他淫乱好色，还荒废耕地，让麋鹿禽鸟生长，只为他可以到处打猎游玩。他和亲近的人日夜酗酒，致使朝政一塌糊涂，“酒池肉林”的成语就出在他的身上。纣王残暴无比，他的叔叔比干劝他修善行仁，反而激起他的恼怒，竟把比干杀死，还剖腹验心，说是要看看他长的到底是什么心眼儿。纣王有个宠妃叫妲己，怂恿纣王杀害大臣，滥用酷刑。凡是反对他的人被捉住，他就把人绑在烧红的铜柱上烤死。纣王的倒行逆施，最终导致了商朝的灭亡。

【原文】

周武王，始诛纣。[1]

八百载，最长久。[2]

【注释】

①周武王：姓姬，名发，后稷十五代孙，文王之子。诛：诛杀。

②八百载：周朝自公元前约1066年至公元前256年，共约八百年。

【译文】

周武王起兵灭掉商朝，诛杀纣王，建立周朝。周朝前后延续约八百年，是我国历史上最长久的一个王朝。

【评析】

夏朝末年，周部落在现今的陕西、甘肃一带活动。由于受到戎、狄等游牧部落的侵扰，周部落的首领古公亶父率领周人迁移到岐山（今陕西岐山县东北）下的平原定居下来。到古公亶父的孙子姬昌（后来称为周文王）继位的时候，周部落已经很强大了。

姬昌有政治眼光，又善于网罗人才，很得民心。他见纣王昏庸残暴，丧失民心，就决定讨伐商朝。经过几年的战争，周部落逐渐占领了大部分商朝统治的地区，但因姬昌害病去世，没有完成灭商的事业。姬昌的第二个儿子姬发（后来称为周武王）继位后，遵照父亲的遗嘱，加快了灭商的步伐。三年后，他请精通兵法的姜尚（又叫吕尚、太公望、姜太公）做元帅，亲自率领战车三百辆、勇士三千人、甲士四万五千人，联合各诸侯国进攻商朝。在牧野（今河南淇县西南）会战中，商军里不堪压迫的奴隶兵在阵前倒戈，周军大获全胜。他们乘胜前进，攻进商朝都城朝歌（今河南淇县）。纣王见大势已去，自焚而亡。姬发赶到，向纣王尸体射了三箭，并割下他的脑袋，挂在大白旗上示众，宣告了商朝的灭亡。随后，他建立周王

朝，定都镐京（今陕西西安西北），号“宗周”。

周武王灭商后两年就病故了，他的儿子诵即位，是为成王。成王年幼，由武王的四弟周公辅助他治理国家。周公是我国历史上著名的政治家，相传他为周朝制礼作乐，建立了典章制度。他的言论，在《尚书》的许多篇章中有所记录。

【原文】

周辙东，王纲坠。①
逞干戈，尚游说。②

【注释】

①辙（zhé）：车辙。辙东：指周平王迁都洛阳。王纲：指周王朝的政治制度。纲：纲纪，国家政治制度。坠：败落。

②逞（chěng）：显示，炫耀。干戈：古代的两种兵器，干是盾牌，戈是矛戟。干戈比喻战争或武力。尚：推崇，崇尚。游说（shuì）：向别人宣讲自己的主张。

【译文】

西周灭亡、周平王东迁后，东周王室对诸侯的控制力越来越弱。诸侯国之间时常相互攻伐，政客们也纷纷向掌权者游说自己的政治主张。

【评析】

周朝的第十二代君主周幽王也是个昏君。他光知道吃喝玩乐，打发人到处找美女。有个大臣劝谏幽王，反被他关进了大牢，一关就是三年。大臣的家里人在乡下买了个叫褒姒的漂亮姑娘，教她唱歌跳舞，然后献给幽王。幽王一高兴，就把那个大臣放了。幽王很宠爱褒姒，可她自从进宫以后一直闷闷不乐，没露过笑脸。幽王想尽办法逗她笑，可没有一点儿效果。后来，有个奸佞小人给幽王出了个主意，让他和褒姒到骊山上游玩，到了晚上点起烽火，让附近的诸侯以为出了紧急大事，调兵来救，以哄褒姒开心。果然，各路诸侯上了当，白跑一回，褒姒见状，果然面露笑容 。幽王很开心。往后，只要想看看褒姒的笑容，就点起烽火，而各路诸侯连忙带兵赶来营救，结果每次都空忙了一场。后来，真有敌情，幽王立即派人点燃烽火，却没有一个诸侯相信是真有敌情而出兵。最终，犬戎兵杀进入镐京，杀了周幽王，抢了褒姒和许多宝贝财物，才退兵回去。这就是“烽火戏诸侯”的故事。

【原文】

始春秋，终战国。①
五霸强，七雄出。②

【注释】

①春秋：时代名称，从鲁隐公元年到鲁哀公十四年之间的 242 年称为春秋时代。战国：时代名称，从周威烈王 23 年到秦始皇兼并六国之间的 181 年，称为战国时代。

②五霸：春秋五霸指齐桓公、晋文公、秦穆公、宋襄(xiāng)公、楚庄王。七雄：战国七雄即齐、楚、燕、韩、赵、魏、秦七国。

【译文】

东周分为春秋与战国两个阶段。春秋时期有齐桓公、晋文公、秦穆公、宋襄公和楚庄王五霸逞强，战国时代则有齐、楚、燕、韩、赵、魏、秦七国争雄。

【评析】

春秋后期，周王室衰落，周天子名义上是各诸侯国的君主，实际地位只相当于一个中等国的诸侯。一些比较强大的诸侯国可以凭借实力向其他中、小诸侯国发号施令，这些大国诸侯被称为霸主。

春秋时第一个称霸的是齐国的齐桓公。齐桓公在当上国君之前叫公子小白，他的一个兄弟正在做国君，即齐襄公，另一个兄弟叫公子纠。有一次，齐国发生内乱，齐襄公被杀。当时公子小白和公子纠都在外地，听说这个消息后，都急着赶回齐国争夺君位。公子纠有个师傅叫管仲，他估计公子小白也会赶回齐国，便带着一支人马在必经之道守候。不久，公子小白果然来到此地，管仲拈弓搭箭，射向小白。小白大叫一声，倒在车里。管仲以为小白已死，便不慌不忙地护送公子纠回国。其实小白是装死，被射中的不过是他衣带上的钩子。小白见管仲离开，赶紧抄小道赶回齐国，当上了国君。齐桓公即位后要严惩管仲，但他的老师鲍叔牙却向他推荐管仲，希望能重用他。齐桓公气愤地说："管仲当年差点要了我的命，我还能用他吗？"鲍叔牙说："那是过去的事，他也是为了他的主子嘛。管仲很有才华，本领比我强得多，您要成就大事业，管仲可是个好帮手！"齐桓公听从了鲍叔牙的话，不但不办管仲的罪，还立即任命他为相，负责管理朝政。后来管仲果然不负鲍叔牙的推荐，为齐桓公称霸出了大力。

【原文】

嬴秦氏，始兼并。[①]

传二世，楚汉争。[②]

【注释】

①嬴（yíng）秦氏：姓嬴，名政。其兼并六国，是为秦始皇。

②传：传位，传承。二世：名胡亥，秦始皇的儿子。楚：楚霸王，姓项，字羽，自号西楚霸王。汉：汉高祖，姓刘，名邦。争：争夺（天下）。

【译文】

秦王嬴政吞并六国，统一天下，建立秦朝。秦朝传到二世胡亥的时候，天下又开始大乱，最后形成了楚汉相争的局面。

【评析】

战国后期，有七个诸侯国最为强大，史称“战国七雄”，其中又以秦国为最强。

从公元前230年开始，秦王嬴政在李斯谋划下先后兼并了其他六国，于公元前221年统一了天下。他觉得自己的功劳比古代传说中的三皇五帝还要大，不能再用“王”的称号，就决定采用“皇帝”的称号。他是第一个皇帝，就自称始皇帝。公元前210年，秦始皇到东南一带巡视，病死在沙丘(今河北广宗县西)。宦官赵高勾结丞相李斯，逼死了秦始皇的大儿子公子扶苏，拥小儿子胡亥继承了皇位，这就是秦二世。秦二世统治期间，赵高大权在握，说一不二，他在朝廷上指鹿为马，竟没有几个人敢说不是马的，而说是马的大臣都被他找借口办了罪。由于政治黑暗、剥削严重，胡亥继位一年后，就爆发了陈胜、吴广起义，项羽、刘邦也加入了反秦的浪潮。公元前206年，赵高逼死了秦二世，二世的侄儿子婴被立为继承人。不久，刘邦的军队攻入国都咸阳，秦始皇建立起来的强大的秦王朝，不过维持了十五年就灰飞烟灭了。随即，项羽在楚称王。刘邦和项羽开始争夺天下，即“楚汉之争”。

【原文】

高祖兴，汉业建。①
至孝平，王莽篡。②

【注释】

①高祖：即汉高祖刘邦。兴：兴起，这里指起兵反秦。业：基业。

②孝平：平帝刘衎(kàn)。汉代提倡以“孝”治天下，所以在

“平帝”前加一个“孝”字。王莽：汉朝人，字巨君，是汉元帝王皇后之侄，官至大司马，杀害了汉平帝，自立为皇帝，改国号为新。篡：篡夺。

【译文】

汉高祖刘邦兴兵反秦，建立了汉朝基业。汉朝的皇位传延了两百多年，到了汉平帝时，皇位被王莽篡夺。

【评析】

刘邦是秦末农民起义的领袖，汉朝的开国皇帝。他本是沛(今江苏沛县)人，做过泗水亭长(亭长在秦朝时是管理十里地范围以内的小官)。陈胜、吴广起义后，他在沛县官吏萧何、曹参等人的支持下起兵响应，称沛公。陈胜死后，他与项羽领导的起义军一起抗击秦军主力。公元前206年，他们率军攻入国都咸阳，推翻了秦朝的统治。当时，刘邦由于实力不如项羽，只得接受项羽的安排，做个汉王，占据巴、蜀、汉中一带。项羽自称西楚霸王，回到他的封国——西楚的都城彭城(今江苏徐州)。不久，刘邦挥师东征，与项羽展开了长达四年的争夺战，史称“楚汉之争”。公元前202年，刘邦最终击败了项羽，做了皇帝，建立了西汉王朝。刘邦死后，庙号高祖，所以后世称他为汉高祖。

刘邦死后近二百年，汉朝的皇帝是平帝刘衎。汉平帝即位的时候才九岁，国家大事都由大司马王莽做主。王莽一直有篡位的野心，但他很有心计，因时机不成熟，便装出一副非常谦虚和廉洁的样子。朝廷给他封地，他不接受；中原发生旱灾、蝗灾，他主动拿出钱财、土地，作为救济灾民的费用。这样，他的威望越来越高。据说，当时朝廷里的大臣和地方上的官吏、平民上书请求加封王莽的共有四十八万多人。这时候，王莽见时机已经成熟，就毒死了十四岁的汉平帝，从刘家的宗室里找了个两岁的孩子做皇太子，他自称“摄皇帝”，就是代理皇帝的意思。又过了两年多，王莽终于露出了本来面目，正式即位称皇帝，改国号为“新”，史称“新莽”。“新莽”的建立，结束了西汉王朝210年的统治。

【原文】

光武兴，为东汉。①
四百年，终于献。②

【注释】

①光武：光武帝，姓刘，名秀，字文叔，刘邦的第九世孙。东汉：光武中兴之后为东汉，以前称西汉。

②献：汉献帝，名协，汉朝最后一位皇帝。献帝时，曹操“挟天子以令诸侯”，自擅汉权，杀死了皇后及皇子，公元220年曹操的儿子曹丕废帝为山阳公，至此东汉灭亡。

【译文】

汉光武帝兴兵消灭王莽，中兴汉室，建立东汉。汉朝历经四百年，到汉献帝时灭亡。

【评析】

刘秀是汉高祖的九世孙。“新莽”王朝统治了不过十年，其法令苛细、徭役繁重，导致阶级矛盾激化，于天凤四年（公元17年）爆发全国性农民起义，刘秀加入绿林军。公元23年，绿林军利用当时社会的正统观念，提出“人心思汉”的口号，立西汉皇族刘玄为皇帝，恢复汉朝，改年号为“更始”，刘秀被封为将军。刘秀率军与王莽手下的部队作战，屡建奇功。更始元年，汉军攻破长安城，杀死了王莽。刘秀在河北活动时，废除王莽苛政，释放囚犯，以恢复汉家制度相号召，取得了当地官僚、地主的支持，力量大增，开始镇压并收编农民起义军。公元25年，刘秀称帝，定都洛阳，建立了东汉王朝。后来，他又派兵镇压赤眉军，削平各地割据势力，于公元36年统一全国。

刘秀称帝后164年，即公元189年，刘辩即位，史称汉少帝。这时候，天下已经大乱，各地争战不休，武将董卓率兵进入洛阳，废了少帝，拥立刘协为帝，迁都长安。献帝刘协实际上是董卓的傀儡，后来司徒王允设计杀死董卓后，献帝又被董卓部将李傕劫走。建安元年(196)，献帝被曹操迎归，迁都于许(今河南许昌东)，又成为曹操的傀儡。公元220年，曹操死，曹丕篡位称帝，献帝被废为山阳公，东汉王朝就彻底灭亡了。

【原文】

魏蜀吴，争汉鼎。①

号三国，迄两晋。②

【注释】

①魏：魏主曹丕，曹操的儿子。他篡夺汉献帝帝位，国号为魏。蜀：刘备称帝，史称蜀或蜀汉。吴：孙权的国号。鼎：古代大型三足铜器，相传夏禹收聚天下之金，铸成九鼎，后称之为传国重器，象征着皇位与政权。

②迄：完结，终止。两晋：东晋和西晋。

【译文】

东汉末年，魏、蜀、吴三国争夺汉朝的天下，这个时代称为三国时代。司马炎灭三国而建晋朝，晋朝分为西晋和东晋两个时期。

【评析】

东汉末年，中央政权日益衰弱，各地豪强起来争夺天下，逐步形成大势力集团，即曹操集团、刘备集团和孙权集团。公元220年，曹操之子曹丕称帝，即魏文帝，国号魏，首都在洛阳。次年，刘备称帝，国号汉，因为首都在蜀地的成都，史称蜀或蜀汉。公元222

年，孙权称帝，国号吴，首都在建业(今江苏南京)。三国鼎立的局面至此形成。蜀、吴曾联合攻击魏国，但没有成功。到公元263年，魏国灭了蜀国，吴、魏两国并立。但好景不长，魏国就在蜀灭亡的第二年，就被司马氏所灭。公元265年，专揽魏国大政的晋王司马炎逼着曹魏交出统治权，自己做了皇帝，史称晋武帝，建都洛阳。公元280年，晋灭吴。至此，东汉末年以来的纷乱局面结束，天下又成为一统。

首都在洛阳的晋王朝维持了五十年左右的时间。因内部发生“八王之乱”，国力大为削弱，外部又有西北少数民族政权的逼近，晋朝不得已而迁都建康(今江苏南京)。历史上把南迁以后的晋朝称为东晋，把南迁以前的晋朝称为西晋。西晋、东晋共传了十五代，155年。

【原文】

宋齐继，梁陈承。①
为南朝，都金陵。②

【注释】

①宋、齐、梁、陈：四个朝代。

②南朝：公元420年东晋灭亡到589年隋朝统一，我国历史上形成南北对峙局面，史称南北朝。南朝即指这一时期相继在建康建都的宋、齐、梁、陈四个朝代。都：建都。金陵：即建康，今南京。

【译文】

东晋之后，相继取而代之的是宋、齐、梁、陈四个王朝。这四个朝代史称“南朝”，他们都定都在南京。

【评析】

两晋之后，中国进入南北朝时期。

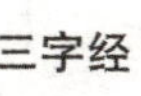

公元420年，东晋大将刘裕逼迫晋恭帝禅让帝位，自己做了皇帝，国号为宋，史称“刘宋”，东晋灭亡。刘宋王朝维持了59年后，齐王萧道成逼顺帝禅让帝位，建立起齐朝。23年后，梁王萧衍又取代齐建立起梁朝。梁朝统治了55年，陈王陈霸先又取代梁做起了皇帝，国号为陈。陈朝统治了32年，最后被隋朝所灭。这就是史上所说的南朝。它的存在时间从宋刘裕代替晋朝之年(420)算起，到隋朝灭陈朝(589)为止，共约170年。

南朝是中国诗歌史上风格转变的重要时期。与魏晋诗人不同，南朝诗人更崇尚声色，追求艺术形式的完善与华美。谢灵运所开创的山水诗，把自然界的美景引进诗中，使山水成为独立的审美对象。山水诗的出现，不仅使山水成为独立的审美对象，为中国诗歌增加了一种题材，而且开启了新的诗歌风貌。继陶渊明的田园诗之后，山水诗标志着人与自然进一步的沟通与和谐，标志着一种新的自然审美观念和审美趣味的产生。

【原文】

北元魏，分东西。①
宇文周，与高齐。②

【注释】

①北：北朝，与南朝相对而言，是在北方地区建立的政权。元魏：北魏道武帝，姓拓跋(bá)，名珪。孝文帝时，因为仰慕中国文化，改姓为元，因此称元魏。分东西：公元534年，北魏分裂为东魏、西魏两个政权。东魏建都洛阳，西魏建都长安。

②宇文周：宇文氏建立的北周政权。高齐：高氏建立的北齐政权。

【译文】

与南朝同时并存的统治北方的王朝称北朝。自北魏开始，北魏分裂为东魏和西魏。后来，西魏被北周宇文泰所代，东魏被北齐高洋所代。

【评析】

北朝(386 年—581 年)是中国历史上与南朝同时代的北方王朝的总称，其中包括了北魏、北齐、北周等王朝。当时，南朝、北朝相互对峙，长达一个半世纪。在这个时期内，双方争战不息，南北始终处于对峙状态。

魏孝文帝即位后，感到要巩固魏朝的统治，就一定要吸收中原的文化，改变落后的风俗。为了方便改革风俗，他决心把国都从平城(今山西大同东北)迁到洛阳。孝文帝担心大臣们反对迁都，就假意提出要大规模进攻南齐。大家纷纷反对，言辞最激烈的是任城王拓跋澄。孝文帝对他大发脾气，拓跋澄还是坚持自己的意见。退朝后，孝文帝单独召见拓跋澄，跟他说："老实告诉你，刚才我向你发火，是为了吓唬大家。我的本意不过是想迁都。"拓跋澄听了恍然大悟，马上表示同意。于是，孝文帝亲率步兵、骑兵三十多万人南下，到了洛阳。这时候，大雨连绵，道路泥泞，行军非常困难。大臣们本来就不赞成出兵伐齐，趁着这场大雨，趁机提出停止行动。孝文帝说："我们这次劳师动众，如果半途而废，岂不要惹人耻笑？如果大家确实认为不宜伐齐，就把国都迁到这里，也算有个说法。大家以为怎样?"众人听了，觉得迁都总比南下伐齐好，就同意了。孝文帝迁都洛阳后，大刀阔斧推行改革，促进了北魏经济、文化的发展和鲜卑族与汉族的融合。

【原文】

迨至隋，一土宇。[①]

不再传，失统绪。[②]

【注释】

①迨(dài)：等到。隋：隋文帝，姓杨，名坚。一：统一。土宇：天下。

②再：两。统绪：世系，皇位的传承。

【译文】

隋文帝杨坚再次统一天下，建立隋朝。但他的儿子隋炀帝杨广荒淫无道，隋朝只传了一代便很快灭亡了。

【评析】

北朝的北周灭亡，隋王杨坚建立隋朝。到了公元589年，隋灭掉了南朝的最后一个政权陈。至此，东晋以来南北对立的局面完全结束，大一统的王朝又出现了——隋朝。

隋文帝杨坚做了23年皇帝后，传位给他的儿子杨广，即隋炀帝。炀帝是个非常残暴、奢侈的人，他上台后为了开运河、筑宫殿、造龙舟以及对外用兵，大肆搜刮民脂民膏，耗尽民力。自大业元年(605年)至大业十二年(617年)，炀帝三次从洛阳南下游江都(今江苏扬州)，所乘龙舟高四十五尺，长二百尺，起楼四层，随从一二十万人，分乘大小船只数千艘，船队前后长二百余里，船帆都用锦缎制成。隋炀帝还喜欢夜游，曾在长安、洛阳、江都等地大量搜集萤火虫，夜间出游时放出，代替蜡烛作照明之用。所以唐代著名诗人李商隐写诗说"于今腐草无萤火"(《隋宫》)，嘲讽炀帝把天下的萤火虫都捉光了。炀帝在大业十二年七月第三次出游江都的时候，先后有任宗、崔民象、王爱仁等大臣进言苦谏，要他取消这次行动，炀帝非但不听，还把他们都杀了。

实际上，自大业七年起，下层民众就因忍受不了炀帝的无情压榨而纷纷暴动，范围涉及山东、河北、河南以及其他各地。炀帝在大业十二年到达江都后，北方的混乱状况更为严重，李密的部队已逼近东都洛阳。因此，炀帝不敢北归，有久驻江都的意思。大业十四年，以将军宇文化及为首的朝臣见隋朝大势已去，就发动兵变，杀死了炀帝。隋朝仅维持了37年就灭亡了。

【原文】

唐高祖，起义师。①
除隋乱，创国基。②
二十传，三百载。③
梁灭之，国乃改。④

【注释】

①唐高祖：李渊，字叔德。唐王朝开国之君。起：起兵。义师：伸张正义的军队。

②创：开创。国基：建立国家基业。

③二十传：唐朝共传了二十代。三百载：唐朝自公元618年至公元907年，历时近300年。

④梁：后梁太祖，姓朱，名温。曾在唐昭宗时做官，封梁王。他废除昭宗而篡夺天下，改国号为梁。

【译文】

唐高祖李渊起仁义之师，战胜了各路的反隋义军，消除了隋末的动乱，开创了唐王朝的基业。唐王朝共传了二十代，近三百年，后被后梁所灭，才又改换了朝代。

【评析】

唐高祖(李渊)即位后，立李建成为太子，封李世民为秦王，李元吉为齐王。按说，三人中数李世民功劳最大，太原起兵就是他的主意，只因李建成是长子才成为皇位的继承人。李建成知道自己的功劳、威信比不上李世民，就和李元吉联手排挤李世民，还设计谋

害他。面对这种情况，李世民决心要先发制人。他向唐高祖李渊报告，说建成、元吉企图谋害他，李渊答应第二天一早叫兄弟三人一起进宫，由他亲自查问。第二天早上，李世民派精兵埋伏在皇宫北面的玄武门。一会儿，建成、元吉骑马来到玄武门，李世民及其部下就把他俩杀了，然后告知高祖李渊。李渊没有办法，只好认可了。这件事发生于高祖武德九年(626 年)六月，史称“玄武门之变”。过了两个月，高祖传位给李世民，自己做太上皇。李世民即位，就是唐太宗。第二年，改年号为贞观。

从贞观元年(627 年)到贞观二十三年(649 年)，是唐太宗统治的贞观年代。唐太宗目睹了隋末农民起义的力量，认识到隋朝的灭亡起因于暴君杨广的横征暴敛、荼毒百姓，于是以隋为鉴，采取了一系列有利于恢复和发展生产、减轻农民负担和安定社会的措施，取得了较好的效果。历史上称“贞观之治”。

在唐朝历史上，还有一个“开元之治”，也是为历史学家所津津乐道的。“开元”是唐玄宗李隆基的年号，自公元 713 年起至 741 年止，共 29 年。玄宗勤勉政事，任用过好几个贤明的宰相，如姚崇、宋璟、张九龄等，把国家治理得很好。在这段时间内，经济发展，社会安定。但到了天宝(742 年—755 年)年间，玄宗贪图享受，任用李林甫、杨国忠等人执政，官吏贪渎，政治腐败。特别到了天宝后期，土地兼并盛行，民族矛盾、阶级矛盾都日益尖锐。同时，由于府兵制破坏，京师和中原地区武备空虚，西北和北方各镇节度使掌握重兵。天宝十四年(755 年)十一月，身兼四镇节度使的武将安禄山在范阳(今北京西南)发动叛乱，史称“安史之乱”。从这个时候起，李唐盛世就走向末路了。

【原文】

梁唐晋，及汉周。

称五代，皆有由。[①]

【注释】

①五代：唐朝以后有后梁、后唐、后晋、后汉、后周五个朝代，称为后五代。由：原因。

【译文】

后梁、后唐、后晋、后汉、后周五个朝代更替，历史上称为五代，这五个朝代的兴衰更替，都有一定的原因。

【评析】

唐朝灭亡后，中国进入纷扰割裂的五代十国时期。虽说是五代，却有六姓先后执政，更换了 14 个皇帝，经历了 53 年，即公元 907 年至 960 年。十国，是指吴越、吴、南唐、闽、南汉、楚、荆南、前蜀、后蜀、北汉这十个小国。此外，还有一些较小的割据政权未计算在内。

五代的更替是这样的。黄巢起义后，唐朝名存实亡，在黄河流域，叛变农民起义的朱温和沙陀人李克用展开了激烈的争战。907 年，朱温废唐哀帝自立，建国号梁。后梁不断向南北进行掠夺性征战，激起了各地民众的愤恨，农民起义遍及各地，梁政权受到严重打击，在与李克用之子李存勖的战争中处于劣势，923 年被李存勖推翻，当年，李存勖称帝，国号唐，都洛阳，史称后唐，后唐不仅占有了后梁的全部土地，而且攻灭前蜀，占有四川之地，后来统治集团内部矛盾加剧，国势转衰。936 年，占据太原的石敬瑭以出卖燕云十六州为代价，取得了契丹人的支持，推翻后唐，称帝于开封，国号晋，史称后晋。不久契丹出兵南下，于 946 年攻陷开封，耶律德光于此称帝，改国号为辽，在中原各地大肆抢掠搜刮，各地农民纷纷起义，契丹人无法立足，只好次年退回北方。占据太原的后晋河东使节度使刘知远乘机称帝，国号汉，后迁都开封，史称后汉。950年，郭威举兵进入开封，推翻后汉，第二年建国号周。在刘知远建立后汉以前，其弟刘琮因与郭威争权产生嫌隙，后汉以留守太原防备契丹的名义扩充实力。郭威称帝时，刘琮也称帝于太原，国号汉，史称北汉，这是十国当中唯一在北方建立的国家。

【原文】

炎宋兴，受周禅。[①]
十八传，南北混。[②]

【注释】

①炎宋：北宋太祖，姓赵，名匡胤。契丹入寇，以兵御之，陈桥兵变，黄袍加身。以火德王，国号宋，故又称“炎宋”。周：后周。禅：禅让。

②十八传：宋朝共传了十八代帝王。南北：南宋和北宋。

【译文】

宋太祖赵匡胤兴起，接受后周皇帝的禅让而建立宋朝。宋朝共传了十八代，是北宋、南宋合在一起算的。

【评析】

赵匡胤做了皇帝后，他的好友石守信、王审琦等开国功臣掌管京城警卫任务的禁兵。宰相赵普对他们很不放心，劝赵匡胤收回兵权，另派听话的人执掌兵权。赵匡胤听了觉得有道理，便想了一个“杯酒释兵权”的计策。

一天晚上，赵匡胤请石守信等禁兵将领喝酒。酒酣耳热之际，赵匡胤叹了口气说：“你们不知道，我做皇帝的也有很多苦衷啊！不瞒你们说，我每天晚上都睡不好觉。”石守信等人听了，连忙问：

“这是怎么回事啊?”赵匡胤说:“这还不明白?皇帝这个位子,谁不想坐啊!”石守信等人听出了话中的意思,赶忙跪在地上说:“我们可不敢有一点儿野心,请陛下放宽心好了。”赵匡胤假装客气地说:“起来,起来。我还不相信你们吗?我是担心你们的部下贪图富贵,想立个拥立皇帝的大功,也把黄袍强加在你们身上。到那时候,你们想不干都不行啰!”石守信等人连连叩头说:“我们都是粗人,没想到这一层,还望陛下给我们想个办法。”赵匡胤干笑了两声,说道:“我看这样吧,你们不如把兵权交出来,到地方上做个闲官,多买点儿田地房产,一来自己享个清福,二来也可以给子孙后代留点儿遗产。我和你们结为儿女亲家,经常走动走动,大家毫无猜忌,一起过快活日子,不是很好吗?”石守信等人连忙说:“您给我们想得太周到了,就这样办好了。”

第二天早上朝的时候,石守信等人都呈上了请求辞职的奏章。赵匡胤立马批准了他们的申请,赏给每人一大笔财富,让他们离开京城,去地方做官。以后,赵匡胤又陆续解除了地方实力派的兵权。宋王朝的稳定局面就这样形成了。

【原文】

辽与金,皆称帝。①
元灭金,绝宋世。②
莅中国,兼戎狄。③
九十年,国祚废。④

【注释】

①辽:公元 916 年,北方契丹族耶律阿保机称帝,国号契丹,后改为辽。金:公元 1115 年,辽东女真族首领完颜阿骨打称帝,国号金。

②元：元朝，蒙古族政权。辽被金灭，金被蒙古灭亡，公元1271年，忽必烈建立元朝，定都大都(今北京)。绝：断绝。

③莅(lì)：临，到。中国：中原地区。戎狄：古时称西方民族为戎，称北方民族为狄。

④九十年：元朝自1279年到1368年共90年。祚(zuò)：皇位，帝位。废：废掉。

【译文】

北方的少数民族契丹人、女真人和蒙古人都建立了国家，自称皇帝，最后蒙古人灭亡了金朝和宋朝，建立了元朝，重新统一了中国。元朝统一了中原，并且兼并了边疆的少数民族。然而它只维持了短短90年，就被农民起义推翻了。

【评析】

岳飞，南宋抗金名将，著名的民族英雄。

岳飞从小刻苦读书，尤其爱钻研兵法。他力大过人，十多岁的时候就能拉开三百斤的大弓。后来，岳飞从了军。金兵南下时，他在东京当小军官。一次，他带了一百多骑兵在黄河边练兵，忽然见到对面来了大队金兵。士兵们都吓呆了，岳飞不慌不忙地说："敌人虽多，并不知道我们的兵力。我们可以出其不备，击败他们。"说完，他带头冲向敌阵，斩了金军一个将领。士兵们受到鼓舞，也奋勇冲向敌人，杀得金兵狼狈而逃。由于岳飞打仗英勇、善于用兵，三十二岁时已经官至节度使，跟当时的名将韩世忠、刘光世、张俊齐名了。岳飞一心报国，对自己十分严格，治军也纪律严明，岳家军行军经过村庄，夜里都露宿在路旁。老百姓请他们进屋，没有人肯进去。岳家军中有个口号，叫做"冻死不拆屋，饿死不掳掠"。由于岳家军战斗力特别强，金兵听到岳家军的名字就胆战心惊，他们中间流传着一句话："撼山易，撼岳家军难。"

公元1140年，金国发动精锐部队，带着"铁浮屠"(又称"铁浮图”）大举进犯宋朝，岳飞奉命抗击。“铁浮屠”是一支经过专门训练的骑兵，人马都披上铁甲，以三名骑兵编成一个小队居中冲锋，又用两支骑兵从左右两翼包抄，叫“拐子马”。岳飞看准了“拐子马”的弱点，命令将士专砍马脚。马被砍倒了，金兵跌下马来，岳飞就命令士兵出击，把“铁浮屠”“拐子马”打得落花流水。岳家军节节胜利，一直打到距东京只有45里的朱仙镇。这时，与金军统帅兀术有勾结、担任南宋王朝宰相兼枢密使的秦桧唆使宋高宗发出命令，要岳飞从前线撤兵，并让宋高宗在一日之内发出十二道紧急金牌，命令岳飞撤兵。岳飞气得泪流满面，悲愤地说：“想不到我十年来的努力，一下子全给毁了！”后来，秦桧又让人诬告岳飞谋反。在狱中，岳飞受尽酷刑，但绝不承认。老将韩世忠看不过去，去找秦桧问个明白。秦桧回答这件事“莫须有”。“莫须有”，就是“也许有”的意思。韩世忠气愤地说：“‘莫须有’三个字，怎能叫天下人心服！”后来，岳飞在牢里被害，死时年仅三十九岁。

【原文】

太祖兴，国大明。①
纪洪武，都金陵。②
迨成祖，迁燕京。③
十七世，至崇祯。④

【注释】

①太祖：明太祖朱元璋。国大明：国号大明。

②纪：纪元。洪武：朱元璋建立明朝时的年号。明太祖朱元璋起兵，推翻了元朝的统治，建立明朝，他自己当上了皇帝，年号洪武，定都金陵。金陵：今南京。

③迨：等到。成祖：明成祖朱棣（dì），朱元璋的第四子。燕京：

今北京。明成祖朱棣于永乐十九年(1421 年)由南京迁都北京。

④十七世：明朝自太祖朱元璋到思宗朱由检，共历十七帝。崇祯：明朝末代皇帝朱由检年号。

【译文】

元朝末年，明太祖朱元璋起兵推翻了元朝的统治，统一全国，建立大明王朝，年号洪武，定都南京。到明成祖即位后迁都北京。明朝共经历了十七个皇帝，到崇祯皇帝时明朝灭亡。

【评析】

明太祖朱元璋是个非常凶恶、残暴的君主。大臣上朝的时候惹他发了火，就会被当场按在地上打板子，叫“廷杖”，有人就被活活打死了。“廷杖”弄得大臣个个提心吊胆，每天上朝前都哭丧着脸向家人告别，如果能平安回到家里，大家就很高兴，庆幸他又活了一天。公元 1380 年，丞相胡惟庸被告发谋反，朱元璋立即把胡惟庸满门抄斩，还追究他的同党，株连文武官员共一万五千多人。过了十年，又有人告发李善长和胡惟庸往来密切，明知胡惟庸谋反不检举揭发。李善长是朱元璋的智囊，在他平定天下的过程中出了很多好主意，是第一号开国功臣，又是他的亲家。明太祖大封功臣的时候，曾经赐给他两道免死铁券。这一年，李善长已经七十七岁了，可明太祖毫不留情，把他和全家七十多人全部处死。过了三年，有人告发大将蓝玉谋反。朱元璋杀死蓝玉，株连三族以及同党，死者近两万人。

明朝初年的文字之祸也反映了朱元璋的残暴。有人的奏章里有“作则垂宪”四字，因为“则”的发音与“贼”相似，朱元璋就以为是讽刺他“做贼”，把写奏折的人杀了。有人的奏章里有“天生圣人”四字，因为“圣”与“僧”的发音相近，朱元璋就说是讽刺他做过和尚，把此人给杀了。

【原文】

权阉肆，流寇起。[①]

自成入，神器毁。[②]

清太祖，膺景命。[③]

靖四方，克大定。[④]

【注释】

①权阉：掌握大权的太监。肆：为所欲为。寇：指农民起义军。

②自成：即李自成。陕西米脂人，明末农民起义军领袖。1644年攻克北京，明朝灭亡。神器：这里比喻明朝政权。

③清太祖：努尔哈赤，满族，爱新觉罗氏。1616年建立后金。膺(yīng)：承受，接受。景命：即天命。

④靖：平定。

【译文】

宦官肆意专权，为所欲为，农民起义遍及全国。义军首领李自成攻入北京，明朝灭亡。清太祖努尔哈赤自称接受天命，入主中原，平定各地流寇，统一了中国。

【评析】

在清王朝统治期间，出现了绵延一个世纪的与汉代“文景”之治、唐代“贞观”“开元”之治齐名的“康乾盛世”。康指康熙皇帝，乾指乾隆皇帝。

清圣祖爱新觉罗玄烨八岁登基，年号康熙，十四岁亲政。在位期间，他平定“三藩”之乱，统一台湾，三次亲征西北，三次出巡东北，进兵安藏，为完成统一大业建立了不朽的功绩。康熙做了61年皇帝。1723年，他的第四个儿子胤禛即位，就是雍正皇帝。雍正皇帝在位14年后去世，他的第四个儿子弘历即位。他就是乾隆皇帝。

乾隆皇帝在位60年，也是一个有作为的皇帝。他积极采取措施，维护了国家的统一和主权。公元1755年，原来已归服清廷的准噶尔贵族阿睦尔撒纳发动叛乱，乾隆帝派兵两路进攻伊犁，平定了叛乱。公元1762年，清朝在新疆设置伊犁将军，加强了对天山南北的管理。1790年，清政府发兵征讨进攻西藏的廓尔喀政权，六战六捷，深入其国境七百余里。廓尔喀只得投降。

乾隆帝跟他祖父一样，除了重视武功之外，还十分重视文治。他一面继续开设博学鸿词科，招收文人学者，组织编写《四库全书》等大型丛书；一面又大兴文字狱，镇压有反清嫌疑的文人。总的看，乾隆皇帝在位期间国力强盛，财政富裕，耕地与人口数显著增加。但是，乾隆时期的文字狱之多大大超过了康熙、雍正两朝。他又六次巡游江南，铺张浪费非常严重，加上下面的官吏贪污成风，国家财力受到削弱。到了晚年，乾隆皇帝自号十全老人，陶醉于文治武功，又听任和珅专权，政治日益腐败，人民纷纷起义。乾隆皇帝死后，大清帝国结束了它的黄金时代，开始走下坡路。

【原文】

廿一史，全在兹。①

载治乱，知兴衰。②

【注释】

①廿：二十。廿一史：指《史记》《汉书》《后汉书》《三国志》《晋书》《宋书》《南齐书》《梁书》《陈书》《魏书》《北齐书》《周书》《隋书》《南史》《北史》《新唐书》《旧五代史》《新五代史》《宋史》《辽史》《金史》等二十一部官修史书。兹：这里。

②载：记载。治：安定，太平。乱：战乱，混乱。

【译文】

二十一史全在这里了，它记载了各朝各代治乱之迹，从中可以了解王朝兴衰的原因。

【评析】

三国时期社会上已有“三史”之称。“三史”是指《史记》《汉书》和《后汉书》。接下来还有“十史”，它是记载三国、晋朝、宋、齐、梁、陈、北魏、北齐、北周、隋朝十个王朝的史书的合称，即“十三代史”。“十三代史”包括了《史记》《汉书》《后汉书》和“十史”。到了宋代，在“十三史”的基础上，加入《南史》《北史》《新唐书》《新五代史》，形成了“十七史”。明代又增以《宋史》《辽史》《金史》《元史》，合称“二十一史”。“廿一史，全在兹”，不会是王应麟提出的，因为王应麟生活在宋代。清朝乾隆初年，刊行《明史》，加先前各史，总名“二十二史”。后来又增加了《旧唐书》，成为“二十三史”。后来从《永乐大典》中辑录出来的《旧五代史》也被列入正史，经乾隆皇帝钦定，合称“钦定二十四史”。乾隆四年至四十九年武英殿刻印的《钦定二十四史》，是中国古代正史最完整的一次大规模汇刻。1920 年，柯劭忞撰《新元史》脱稿，1921 年，中华民国总统徐世昌以《新元史》为“正史”，与“二十四史”合称“二十五史”。但也有人不将新元史列入，而改将《清史稿》列为二十五史之一。或者，如果将两书都列入正史，则形成了“二十六史”。

“载治乱，知兴衰”告诉我们，史书上记载着历朝历代的乱世与治世，通过分析历史便可以得出兴衰的道理。

【原文】

读史者，考实录。①

通古今，若亲目。②

口而诵，心而惟。③

朝于斯，夕于斯。④

【注释】

①考：考查。实录：本来是据实记录的意思，后来成为帝王的编年史，是继位之君命史官为死去的国君所编的编年体大事记。

②通：通晓，了解。若：好像。亲目：亲眼看见。

③诵：背诵，熟读成诵。惟：思考。

④朝：早晨。斯：此，这里指读书。夕：晚上。

【译文】

读史的人，还应查考历代实录，通晓古今发生的事件，就好像亲眼所见一样。在读书时，要做到口里吟诵，心里思考，早晚心思都用到学习上面，才能真正学好。

【评析】

实录是编年史的一种体裁，专门记录某一朝皇帝统治时期的大事。实录体在南朝时的梁朝产生，从唐朝开始，由宰相亲自撰写“时政记”。每当新皇帝即位的时候，都要下令国史馆根据前朝皇帝的“起居注”（对帝王言行的记录）以及前朝宰相的“时政记”等材料，编写一部前朝皇帝的编年史长编，也就是实录。从那以后，实录的编写成为一项固定的制度，宋、辽、金、元、明、清各朝都是这样。实录编成之后，一般要将草稿全部焚毁，只留下定本，据说这是为了保证编写者能排除顾虑、如实记录。然而，实录里也常有一些曲笔讳饰的地方，有时，随着政治风云的变幻，还可以重写过去的实录。

通过阅读史书，掌握了大量材料，还要对材料进行分析、思考，即所谓“心而惟”。这样才能把历史真相了然于胸，知古而通今，通今而预知未来。

【原文】

昔仲尼，师项橐。①
古圣贤，尚勤学。

【注释】

①仲尼：孔子，姓孔，名丘，字仲尼。春秋时代鲁国人。在他六十八岁时，删《诗》《书》，赞《周易》，定《礼》《乐》，修《春秋》，尊为“至圣先师孔子”。项橐（tuó）：春秋时代鲁国人，七岁时为孔子师，十一岁死亡，人称小儿神。

【译文】

从前孔子曾拜七岁的项橐为师。古代的圣人尚且如此勤学好问，普通人更应发奋努力。

【评析】

孔子年轻的时候，就已经是远近闻名的老师了。他总觉得自己的知识还不够渊博，三十岁的时候，他离开家乡曲阜，去洛阳拜大思想家老子为师。

曲阜和洛阳相距上千里，孔子风餐露宿，日夜兼程，几个月后，终于走到了洛阳。在洛阳城外，孔子看见一架马车，车旁站着一位七十多岁的老人，穿着长袍，头发胡子全白了，看上去很有学问。孔子想：这位老人大概就是我要拜访的老师吧！于是，上前行礼。

问道：“老人家，您就是老聃先生吧？”

“你是？”老人见这位风尘仆仆的年轻人一眼就认出了自己，有些纳闷。

孔子连忙说：“学生孔丘，特地来拜见老师，请收下我这个学生。”

老子说：“你是仲尼啊，听说你要来，我就在这儿迎候。研究学问你不比我差，为什么还要拜我为师呢？”

孔子听了再次行礼，说：“多谢老师等候。学习是没有止境的。您的学问渊博，跟您学习，一定会大有长进的。”

从此，孔子每天不离老师左右，随时请教。老子也把自己的学问毫无保留地传授给他。

【原文】

赵中令，读鲁论。①

彼既仕，学且勤。②

【注释】

①赵中令：姓赵，名普，字则平。宋时赵普曾在宋太祖、宋太宗手下做官，任中书令之职，日则理国政事，夜则读《论语》，太祖曾问他为何读《论语》，他回答说：“若要齐家、治国、平天下，尽在这《论语》语中矣。”鲁论：即《论语》。《论语》传到汉朝，有三种版本，即《鲁论语》《齐论语》《古文论语》。

②彼：他。仕：做官。

【译文】

宋朝的赵普，官已经做到中书令了，还天天手不释卷地阅读《论语》。他已经做了高官，还不忘记勤奋学习。

【评析】

赵普，北宋著名的政治家。赵普喜读《论语》，有“半部《论语》治天下”之说，对后世很有影响，成为以儒学治国的名言。

最初辅佐赵匡胤的时候，赵普读过的书并不多，学问也不大。赵匡胤就劝赵普，只有多读书才能有学问，赵普听了羞愧满面，下决心要好好读书。赵普读书并不好高骛远，而是脚踏实地，扎扎实实，从基础且重要的书入手。官拜宰相后，日理万机，工作忙仍坚持读书，白天没有时间，就利用晚上的时间读书。

有天晚上，宋太祖赵匡胤前去看他，一进门，见赵普正在挑灯夜读，赵匡胤见他读的是《论语》，十分奇怪，就问他："《论语》是儿童们读的书，你怎么还在读它?"赵普说："齐家、治国、平天下的道理全在这本书中。我只用了半部《论语》就为您打了天下，现在，还要用另外半部《论语》为您治天下。"宋太祖听后赞叹不已。

赵普死后，整理他的书箱的时候，发现里面只有《论语》的二十篇文章，可见他对《论语》进行了相当深入的研究和实践，并成为他治国、平天下的资本。

【原文】

披蒲编，削竹简。①
彼无书，且知勉。②

【注释】

①披：剖开。蒲：草，又叫菖蒲，蒲编是用草蒲编织的席子。竹简：用竹子削成的薄片，用来写字。

②彼：他们，此处指汉时的路温舒和公孙弘。前者将蒲草编织成席，借人《尚书》抄而读之。后者削了许多竹简，借人《春秋》抄而读之。勉：勤奋刻苦。

【译文】

汉代的路温舒把书抄在蒲席上学习，公孙弘把书抄在竹简上学习。他们没钱买书，但还能如此勤奋努力学习。

【评析】

路温舒是西汉宣帝时人，因家里贫穷，读不起书，父亲让他以放羊为生。有一天，他在放羊时看到池塘边长着一丛丛茂密而柔软的蒲草，灵机一动：何不把蒲草编成席子，在上面写字呢？于是他割了蒲草，一根根剖开，编成席子，借来《尚书》，把它抄写在席子

上。以后外出放羊时，他就一边干活一边学习。长大后，他当了个牢狱小吏，就自学法律条令，把它们背得滚瓜烂熟。后来又学习《春秋》等经典著作，学问大进。最后做到临淮太守，把地方治理得井井有条。

公孙弘是西汉武帝时人，年轻时做狱中小吏，因犯了罪被辞退回家。家里一贫如洗，他没有办法，只得替富户放牧猪羊。四十岁的时候，他感到不能再这样浑浑噩噩地打发日子，就下定决心要刻苦学习。他买不起写字用的织帛，就削了许多竹简，借来《春秋》等书抄写在上面，反复诵读。汉武帝继位后，朝廷张榜招试贤良文学之士。他前往应试，受到考官的青睐，被征为博士。这一年，他已经六十岁了。由于学习刻苦，知识面广，尤其熟悉法律条文，还擅长论辩，公孙弘深受汉武帝器重，官职一升再升，最后做到丞相，被封为平津侯。

【原文】

头悬梁，锥刺股。[①]
彼不教，自勤苦。

【注释】

①头悬梁：汉朝人孙敬，读书至夜深，为了不让自己瞌睡，就以绳系住自己的头发，悬于屋梁，如打盹低头时，绳索就会将他拉醒。锥刺股：战国时苏秦，勤读《六韬》《阴符》等兵法之书，每当夜深昏昏欲睡时，就用锥子刺大腿，使自己清醒后再读。此二人后来都官至卿相。

【译文】

汉代孙敬读书至深夜，为防瞌睡将头发悬于梁上；战国苏秦读书困倦时用锥子刺大腿，痛醒再继续读书。他们没有老师教导和督促，自己就能勤奋刻苦学习。

【评析】

孙敬是汉代人。他非常好学，从早到晚不停歇。到了晚上，他怕疲倦劲儿上来睡着了，就拿绳子系住头发，再把绳子的另一头拴在房梁上。读书时稍一瞌睡，头垂下去，绳子就会拉紧他的头发，这样就醒过来了。由于刻苦攻读、持之以恒，他终于成了一代大儒。

苏秦是战国时期的纵横家。他去游说秦惠王，但秦惠王不肯采纳他的“连横”主张。苏秦耐着性子在秦国等了一年多，眼看钱财用尽，只得穿着破烂的衣服灰溜溜地回到家里。妻子见他一副落魄的样子，不肯理他，自顾自地在纺机上纺织;嫂子不愿为他做饭，父母也懒得同他说话。苏秦感慨万分，决心勤苦读书，学好本领，再求发展。他打开书箱，找到一本姜太公吕尚所著的兵书，连夜读了起来。到了深夜，苏秦怕自己睡着了，就找了把锥子往大腿上刺，鲜血淌了下来，一直流到脚后跟。过了一年，苏秦认为自己学业已成，就到赵国去游说赵王。赵王听了他一番治国、强国的高谈阔论，认为很有道理，非常高兴，就封他为武安君，拜他为相，还给了他很多车马、锦绣、白璧、黄金，并实施他的“约纵”主张。在苏秦的努力下，赵国的地位得到了很大的提高。

【原文】

如囊萤，如映雪。①
家虽贫，学不辍。②

【注释】

①囊(náng)萤：晋朝有一名叫车胤的人，家贫，夜读无油点灯，就捉了许多萤火虫装在纱袋里，靠萤火虫发出的光来读书。

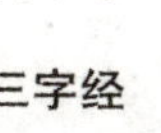

囊：用袋子装。映雪：晋朝的孙康家境贫寒，也无油点灯读书，在冬天的时候他就在户外借着大雪的反光来读书。

②辍(chuò)：停止。

【译文】

晋代车胤把萤火虫放在纱袋里照明读书，晋代孙康冬天夜里借雪的反光来读书。他们家里虽然贫困，却能坚持学习，不肯停止。

【评析】

车胤是晋代人，家境贫寒，但他读书非常用功。当地太守很喜爱他，对他父亲说："这个孩子非常聪明，将来一定会有出息，你可要让他好好读书。"在父亲的鼓励下，车胤读书更加努力。因为贫困，家里连买灯油的钱也没有，这可难不倒车胤。他看到夏天的晚上有萤火虫飞舞，发出点点光亮，就想出了个好办法。他缝制了一个纱袋，然后捉了许多萤火虫装在纱袋里，晚上就挂在书桌上方。果然，凑着纱袋读书，还真能看清书上的文字。后来，车胤成了一个有学问的人，官至吏部尚书。

孙康也是晋代人。他家里的情况与车胤相似，也十分贫穷。他很喜欢读书，还善于动脑筋。到了冬天，昼短夜长，他很想熬夜读书，却苦于没有买灯油的钱。一天夜里，他走出屋子来到庭院，发现地上的积雪映射出白光，不觉一阵惊喜：不是可以凑着白雪的反光读书吗？他赶忙回到屋里，拿出书卷就着雪光一看，书上的字迹果然很清楚。于是，他就开始了映雪读书的生活。后来，孙康也成为一个有学问的人，官至御史大夫。

【原文】

如负薪，如挂角。[①]

身虽劳，犹苦卓。[②]

【注释】

①负薪：负，背。薪：柴。挂角：将书挂在牛角上。

②卓：卓绝，超过一般水平。

【译文】

汉朝的朱买臣以砍柴为生，他把柴挂在柴担的一头，边走边看；隋朝的李密放牛时把书挂在牛角上，边放牛边读书。他们虽然劳累仍然坚持读书，克服困苦的坚强意志超越常人。

【评析】

朱买臣是西汉人。他家里贫穷，以砍柴为生，但他非常喜欢读书，常常一面挑着柴担赶路，一面吟诵诗文。他的妻子屡次劝他不要这样，说被人看见太丢人了，朱买臣说："这有什么关系？又不妨碍别人！"照样吟诵不已。他的妻子非常生气，认为他精神不正常，要求和他离婚。朱买臣笑着回答她："我到了五十岁一定会发达，现在已经四十多岁了。你跟着我多年，吃了不少苦头，等我富贵了，一定会好好报答你的。"妻子愤怒地说："呸！像你这样的人，早晚得饿死，还谈什么发达？真是癞蛤蟆想吃天鹅肉！"朱买臣没有办法，只好同意离婚。后来，汉武帝做了皇帝，有人推荐朱买臣做了官，还担任武帝的文学侍臣。在今天江苏苏州西郊的穹窿山上，有一块巨石，上书"朱买臣读书台"六个大字，相传就是当年朱买臣读书的地方。

李密是隋代人。他家里也很穷，小时候替人放牛，常常骑在牛背上读书，把暂时不读的书挂在牛角上。有一回，李密在放牛的路上遇到了宰相杨素。杨素坐着马车，看到前面有个少年坐在牛背上读书，暗暗奇怪，就和他打招呼："谁家的孩子，这么用功啊？"李密跳下牛背，向杨素作了一个揖，报了自己的名字。杨素问他："你在看什么？"李密回答说："我在读项羽的传记。"杨素跟李密谈了一阵，觉得这个少年很有抱负。回家以后，杨素跟他儿子杨玄感说："我看李密这孩子的学识、才能比你们几个兄弟强得多。将来你们有什么要紧的事，可以找他商量。"后来，李密果然出人头地，官至光禄卿。

【原文】

苏老泉，二十七。①
始发愤，读书籍。
彼既老，犹悔迟。②
尔小生，宜早思。③

【注释】

①苏老泉：宋朝苏洵，字明允，号老泉，四川眉州人。小时未读书，到了二十七岁时才才开始发奋读书，后来成了著名的文学家。他生有二子，长子苏轼，字子由，号东坡，后来为翰林学士；次子苏辙，字子由。世称"三苏"。

②彼：他，代指苏洵。既：已经。犹，还。悔：后悔。

③尔：你，你们。小生：小孩子，年轻人。宜：应该。早思：早一些考虑。

【译文】

宋代苏洵到了二十七岁才开始发奋读书。苏洵年纪已大时，还后悔当初没好好读书。像你们小孩子，更应早早思考这个问题。

【评析】

苏洵是北宋大文豪苏轼的父亲。他和苏轼以及苏轼的弟弟苏辙（也是著名文学家）合称"三苏，他又被称为"老苏"，是我国文学史上著名的"唐宋八大家"之一。

不过，苏洵在少年时代并没有好好读书。他自己曾说："昔予少年，游荡不学。”在自由自在、轻松快活的少年时代过去后，苏洵慢慢地意识到自己逃避不了科举这条必由之路。于是，他谢绝平时往来的玩乐朋友，把自己关在家里，鼓起劲头发愤读书。过了一段时间，他去参加进士科考试，失败了。第二年，他又去应试，还是名落孙山。接下来，他又去参加朝廷举办的“制举”考试，依旧是希望成空。这三次落第对苏洵打击很大，他后悔自己读书开始得太迟了。为了追求成功，他学习更加刻苦，闭门苦读五六年之后，终于有了很大的进步，写的文章内容精纯，文笔纵横。

苏洵在学术研究和散文创作方面获得成就，已在四十岁以后；而他逐渐被人们赏识、推崇的时候，已年近半百了。所以苏洵对两个儿子（苏轼、苏辙）的培养抓得早、抓得紧，这是他从自己身上得出的教训。

【原文】

若梁灏，八十二。①
对大廷，魁多士。②
彼既成，众称异。③
尔小生，宜立志。④

【注释】

①若：像，如。梁灏（hào）：宋朝梁灏，屡试不中，仍不气馁，八十二岁时终于状元及第。

②对大廷：指殿试。魁：为首的，第一。士：士子，指参加科举考试的人。

③彼：他，代指梁灏。既：已经。成：学业上有成就。称：称赞。异：奇异，与众不同。

④尔：你们。宜：应该。

【译文】

宋朝有个叫梁灏的人，八十二岁时才考中状元。他在金殿上对皇帝提出的问题对答如流，在所有参加考试的人当中首屈一指。梁灏这么大年纪，尚且能获得成功，不能不使大家感到惊异，钦佩他的好学不倦。你们这些后生晚辈更应早日立志，努力用功。

【评析】

梁灏，出身宦家，少年丧父。曾从学于王禹恬，初考进士，未中。留居京城，曾进谏宋太宗，选拔人才不要单凭诗赋，要注重治国治民的才能，未被采纳。雍熙二年(985 年)，考取状元，任大名府观察推官，时年二十三岁。梁灏有才能，每上朝进奏，辞辩明敏，对答如流，真宗甚为嘉赏。同僚书写奏章，常请教他。景德元年(1004 年)，任开封知府。同年六月，暴病卒，时年四十二岁。著有文集十五卷。

相传，梁灏在八十二岁高龄时，在朝廷进行的进士考试中，战胜了所有的应试者，夺得了状元，这是讹传。《宋史》记载，梁灏，字太素，963 年生于郓州须城(今山东东平州城)，出身官宦之家，其父文度早逝，由其叔父抚育成人。雍熙二年(985 年)，梁灏二十三岁考中状元。曾任翰林学士、宋都开封知府等职。其间，曾与杨励、朱台符、李若拙同掌科举事务。又与钱若水等人同修《太祖实录》及《起居注》。景德元年(1004 年)，暴病卒于开封知府任上，年四十二岁。所著文集十五卷。

虽然“梁灏夺魁”的典故与真实的历史有冲突，但因其中所含的坚持刻苦学习，终能实现人生价值的良好寓意，至今为人们传颂。

【原文】

莹八岁，能咏诗。①
泌七岁，能赋棋。②
彼颖悟，人称奇。③
尔幼学，当效之。④

【注释】

①莹：北齐祖莹，字元珍。八岁时能诵读《诗经》，时人称他为小神童。

②泌：唐李泌，七岁能作棋赋："方若行义，圆若用智，动若聘材，静若得意。"有神童之誉。赋棋：以下棋为题作诗。

③彼：他们，代指祖莹和李泌。颖：聪颖。悟：领会，领悟。

④效：效仿。之：代他们。

【译文】

北齐人祖莹八岁时就能诵读《诗经》。唐朝人李泌七岁时就能以下棋为题作诗。他们二人聪慧绝顶，在当时令人们感到非常惊奇。现在你们刚刚求学，应该效仿他们，努力用功读书。

【评析】

明朝的著名大臣李东阳从小就有神童的美誉。他四岁时就能写一尺的楷体大字，还善于对对联。有一天，李东阳的老师出了一个上联："砚向石边见口。"这是拆字联，将"砚"字拆为"石"和"见"。李东阳应声对道："笙从竹下生声。"把"笙"字拆成"竹"和"生"，对得很是工整。还有一次，父亲李淳给李东阳出联："虎豹关中，不是关中虎豹。"李东阳略加思索，对道："麒麟阁上，皆非阁上麒麟。"小东阳因为天资聪颖，被视为神童举荐给当时的皇帝朱祁钰。皇帝召见他时，因为李东阳太矮小，只能由太监扶着他迈过皇宫的门槛。皇帝打趣道："神童腿短。"李东阳应声对道："天子门高。"皇帝大喜，又让他写“麟”“凤”“龟”“龙”等十余个大字。当小东阳写到“龙”（繁体字为“龍”，笔画很多）字时，手腕乏力，最后一勾便用自己的小靴子沾墨水印上。皇帝看了很高兴，将他抱到膝上坐着，把上林苑的珍果赏赐给他吃。当时李东阳之父站着，在台阶下等候命令。皇帝又出了一个上联打趣道：“子坐父立，礼乎？”意思是说：“儿子坐着，而父亲却站着，这合乎礼法吗？”李东阳不假思索地应答：“嫂溺叔援，权也。”意思是：“嫂子掉进河里，小叔子去拉她，这是权宜之计。”皇帝听罢，连连点头，微笑着说：“真不愧是神童！这孩子将来一定能当宰相。”

明孝宗时，李东阳果然成为了内阁大学士（地位相当于宰相），与另两位内阁大学士刘健、谢迁组成了“内阁铁三角”，齐心协力处理朝政大事。

【原文】

蔡文姬，能辨琴。①
谢道韫，能咏吟。②
彼女子，且聪敏。③
尔男子，当自警。④

【注释】

①蔡文姬：名琰（yǎn），是后汉著名学者蔡邕（yōng）的女儿。辨琴：通音律。

②谢道韫（yùn）：晋朝宰相谢安的侄女。心灵聪慧，极好读书，儿时就能吟诗作对。

③彼：她们，代指蔡文姬、谢道韫。敏：智慧。

④警：警诫。

【译文】

东汉蔡文姬博学通音律，东晋谢道韫聪慧能咏诗。蔡文姬和谢道韫都是女子，尚且如此聪明好学，你们这些男子，更应当自我警醒，充实自己。

【评析】

蔡琰是东汉末年人，从小就精通音律。九岁那年，她在月下听父亲弹琴，忽然，琴弦断了一根。蔡琰说："断的是第二根弦。"蔡邕以为她是侥幸猜中，故意又弄断了一根琴弦，问女儿："这次断的是第几根?"蔡琰回答："第四根。"蔡邕说："你运气真好，两次都猜对了。"蔡琰回答："春秋时吴王夯的儿子季札曾到鲁国听周乐，从音乐中听出列国的治乱兴衰。春秋时晋国的乐师师旷能从音乐中辨别吉凶，根据南风不扬、多死声推知楚军不利。由此看来，我从琴声中推知断的哪根弦是完全可能的，并不是瞎猜。"蔡邕听了女儿的一番话，不由暗暗赞叹。

谢道韫的诗才，突出地表现在她对雪的吟咏中。有一天，东晋宰相谢安在自家院子里闲玩，见天上下起了大雪，纷纷扬扬很有情趣，就问身边的几个年轻人："你们看，天上的雪像什么啊?"谢安的侄子谢朗想了想，说："撒盐空中差可拟。"意思是：就像在天空中撒了一大把盐。谢安听了，没说什么。这时，谢道韫说："未若柳絮因风起。"意思是还不如用"柳絮因风起"来形容呢！谢安听了，连声赞叹："这个比喻真是太妙了！"从此，"咏絮才"或"柳絮才"就成了称赞女子有诗才的一个典故。在《红楼梦》里，作者就说林黛玉有"咏絮才"。

【原文】

唐刘晏，方七岁。①
举神童，作正字。②
彼虽幼，身已仕。③
尔幼学，勉而致。④

【注释】

①刘晏：人名，字士安。童年饱学，他七岁时，唐明皇就推举他为神童，授翰林院正字。

②举：授予。正字：官职名，负责刊正文字。

③任：做官。

④勉：勉力。致：达到目标。

【译文】

唐代的刘晏，刚刚七岁，就被皇帝称为神童，授予翰林正字的官职。刘晏虽然年幼，已经做了官。你们作为年幼的学生，应当努力勤学达到这样的目标。

【评析】

刘晏自幼好学，七岁时就得到了唐玄宗的赏识。八岁时，他献上《东封书》，玄宗读了大为惊异，命令宰相出题当场试验，一试果然文才不凡。玄宗非常高兴，把刘晏带进皇宫，任他各处玩耍。据说杨贵妃也非常喜欢他，曾把他抱在膝盖上，亲自为他画眉、梳头。刘晏十岁的时候，玄宗问他："你作为秘书省的正字官，正了几个字呀?"刘晏回答："天下的字都正了，只有一个'朋'字还没有正好。"他这样说，其实是在暗暗提醒唐玄宗：朝廷大臣中有朋党，即大臣之间有拉帮结派的现象，要皇上注意这个问题。

刘晏在唐肃宗、唐代宗在位期间负责全国的财政工作达二十年，他畅通漕运，稳定物价，改进盐税的征收方法，使国家的收入增加了十倍。当时战争频繁，费用巨大，多亏刘晏善于理财，国家财政还能对付庞大的军费开支，老百姓也没有承担更多的赋税。

【原文】

犬守夜，鸡司晨。①
苟不学，曷为人。②
蚕吐丝，蜂酿蜜。
人不学，不如物。③

【注释】

①守夜：在晚上守卫门户。司晨：早上鸣叫报晓。

②苟：假如。曷(hé)：通“何”，怎么。

③物：指以上动物。

【译文】

狗知道在夜间替人守卫门户，公鸡知道每天早晨鸣叫报晓。人如果不能用心学习，还有什么资格称为人呢？蚕可吐丝，蜂可酿蜜，人如果不学习，还不如这些小动物。

【评析】

这段文字强调的是，人只有加强学习，做个对他人、对社会有用的人，才能实现人生的价值。

北宋的范仲淹，两岁时就失去父亲，母亲因为贫困无依而改嫁。范仲淹懂事后知道了自己的身世，就哭泣着告别了慈母，到南都学舍不分昼夜地苦读，五年间都没有解开衣服好好地睡过觉。有时困倦极了，就用冷水冲洗一下头脸。他连稠粥都吃不上，常常忍着饥饿熬到下午才吃饭。就这样，他废寝忘食地苦读了几年，读通了六经。以后，他进士及第，进入官场，为官清正，关心国家和人民的利益。

由于参与“庆历变法”触动了保守派官僚的自身利益，加之庆历新政准备不足，也带来了某些负面影响，在奸臣和宦官的勾结下，“庆历变法”很快就以失败而告终，范仲淹因此而被罢免参知政事。范仲淹被贬之后，先后又在邠州、邓州、青州等地做过地方官。在这期间，他仍然为官清廉，尽职尽责，千古名篇《岳阳楼记》就是在这一时期写成的。其中的精华之句：“先天下之忧而忧，后天下之乐而乐。”至今仍广泛传颂，激励后人。

【原文】

幼而学，壮而行。①
上致君，下泽民。②
扬名声，显父母。③
光于前，裕于后。④

【注释】

①壮：指壮年，习惯上指三四十岁的时期。
②致：报效。泽：恩泽，泽被。民：人民，百姓。
③扬：显扬，传播。显：显耀。
④光：光彩。前：前辈，祖先。裕：富裕。

【译文】

在幼年时努力学习，不断充实自己，长大后能够学以致用，替国家效力，为人民谋福利。有所作为后，就能使自己名声远扬，显耀父母，光宗耀祖，使后代富裕。

【评析】

毛泽东从青少年时代起就立志救国，他在中学念书的时候，同学曾评价他“身无分文，心忧天下”。他在离家求学前夕，改写了日本人西乡隆盛的一首诗留给父亲：“孩儿立志出乡关，学不成名誓不还。埋骨何须桑梓地，人生无处不青山。”1914 年，毛泽东在长沙第一师范学习，生活非常节俭，铺盖和衣服都非常简陋单薄。但他一点儿也不在乎，还花了不少钱订报、买书。他常和同学互相勉励说，读书要有理想，要有“以天下为己任”的雄心壮志。他还向朋友们提出“三不谈”：不谈金钱，不谈身边琐事，在校学习期间不谈男女恋爱问题。他认为，改造国家、改造社会都需要有知识、有学问，所以一定要珍惜宝贵的青春年华，把时间和精力放在有价值的事情上。

周恩来也是如此。有一年暑假，少年周恩来到奉天城(今辽宁沈阳)东郊的一个同学家里做客。这个同学的祖父是一位富有爱国之心的农村私塾先生，他带周恩来到附近的日俄战场遗址去参观。中国人民遭受列强欺侮的奇耻大辱，在周恩来幼小的心灵里播下了救国救亡的火种。有一次，学校的魏校长问学生：“你们为什么要读书?”课堂里顿时寂静无声。过了一会儿，一个同学毕恭毕敬地站起来回答：“读书是为了寻找出路。”话音刚落，另一个同学站起来说：“读书是为了光宗耀祖。”这时候，周恩来也站起来了。他昂首挺胸，大声说道：“读书是为了中华民族之崛起，腾飞于世界!”这一年，周恩来才十二岁。

【原文】

人遗子，金满籯。①
我教子，惟一经。②
勤有功，戏无益。③
戒之哉，宜勉力。④

【注释】

①遗(wèi)：赠与。籯(yíng)：竹子编的箱子。

②经：儒家经典。

③勤：勤奋，刻苦。功：成就。戏：游戏玩乐。益：好处。

④戒：防备，警惕。哉：语气助词，表示感叹。宜：应当。勉力：勉励。

【译文】

人们往往留给子孙后代的是满箱金银，我教育子孙的，只有一套儒家经典。凡是勤奋上进的人都会有好的成就，只顾玩乐，最终没有任何好处。我们应当时刻警戒自己，勤勉学习。

【评析】

有志之人只要心里有了宏大目标，就会有永不枯竭的动力之源和永不气馁的行动。而学习是通往宏大目标的阶梯，是达到成功之巅的桥梁。

在李嘉诚的大家庭里，有一个面积虽小，但藏书却非常丰富的小书房，那是李家的小书库，里面集中着李家前辈遗留下来的藏书。童年时期的李嘉诚的大部分时光，就是在这块狭小却辽阔的天地中度过的。在父亲允许下，每天放学以后，他就像一只勤劳的小蜜蜂，悄悄飞进小书房。他太爱看书了，书就是他的精神世界，书里那么详细地告诉他许多从来就不知道的事物，那么认真地告诉他为人处世的道理。他如痴如醉地看书，海阔天空地思考着天南地北的问题。至今李嘉诚还记得，父亲对他的教诲。一天，父亲领他来到这间书房，语重心长地对他说："诚儿，这是咱家里几代人的书库，你伯父、我和你叔叔都是从这里走出去的。我希望你能认真理解父亲带你来这里的意义，我也知道你能体会为父的深意。"读书成为李嘉诚的生命。看书越多，他越觉得自己知识的贫乏，便越是废寝忘食，如饥似渴地学习。更令李嘉诚难忘的是，父亲陪他一起夜读，随时答疑，给他以精神的鼓舞和人格上的激励。李嘉诚常常动情地说："父亲是我一生中最崇敬的人。无论从知识上，还是从人格上，父亲永远都给我一种鼓舞，一种激动。……父亲给予我的，是任何一种东西都无法衡量的。"

百家姓

赵 zhào

出自嬴姓部落，颛顼的后代伯益是嬴姓的始祖。据《姓氏考略》记载：伯益十三世孙造父，为周穆王驾兵车救国有功，周穆王把赵城赐给他做封地，其子孙以赵为姓。历史上异族异姓改姓赵的很多。

【赵姓名人】

赵武灵王：战国时赵国国王，提倡“胡服骑射”。赵奢：战国后期名将。赵匡胤：发动“陈桥兵变”建立北宋王朝。赵普：北宋的政治家、宰相。赵孟頫：元代杰出书画家。赵树理：现代著名作家，著有《小二黑结婚》《李有才板话》。赵朴初：现代著名学者。

钱 qián

据《通志·氏族略》中记载：颛顼帝的玄孙为彭祖。彭祖的孙子孚，为周朝钱官。于是，其后代以官职的名称为姓氏。

【钱姓名人】

钱镠：五代时的政治家，吴越国的创始人，修建了钱塘江和太湖的水利工程。钱藏真：即怀素和尚，唐代书法家，擅草书，也称“草圣”。钱选：元代画家。钱谦益：明末清初的诗文大家。“三钱”，钱三强、钱学森、钱伟长：著名科学家。钱钟书：现代著名小说家、国学大师。

孙 sūn

出自姬姓。为春秋时期卫国国君康叔的后代。卫武公的儿子叫惠孙，惠孙的孙子用祖父的字为姓氏，子孙以孙为姓。

【孙姓名人】

孙武：春秋末期齐国著名的军事家，著有"兵经"《孙子兵法》，备受后人推崇。孙权：三国时吴国的开国皇帝。孙思邈：唐代著名医学家，著有《千金要方》《千金翼方》。孙中山：近代革命家，伟大的革命先行者。

李 lǐ

出自嬴姓部落，据《通志·氏族略》中记载：颛项帝的曾孙皋陶是尧帝时代的理官，他的后人便以官名为姓，称理姓。后来皋陶的后代理利贞被封王迫害，避居李树下，食李子维持生活，遂改理姓为"李"姓。历史上异族异姓改李姓的很多。

【李姓名人】

李耳：即老子，春秋著名的思想家，道家创始人，著有《道德经》。李冰：战国时期水利家，修建了驰名中外的都江堰水利工程。李广：汉代名将，令匈奴闻风丧胆的"飞将军"。李世民：即唐太宗，任贤纳谏，开创了唐朝盛世，史称"贞观之治"。李白：唐代著名诗人。李清照：宋代著名女词人。李时珍：明代医药学家，著有《本草纲目》。李四光：现代地质学家。

周 zhōu

出自姬姓，其来源复杂。据《姓氏考略》记载：黄帝的儿子后稷姓姬，是周王朝的始祖，自周平王小儿子姬烈的后代以国号"周"为姓。

【周姓名人】

周勃、周亚夫：西汉著名军事家。周瑜：三国时期吴国名将，任大都督。周邦彦：宋代著名词人。周敦颐：宋代著名理学家。周恩来：中华人民共和国第一任总理。周树人：即鲁迅，现代著名思想家、文学家，新文化运动的前驱之一。

吴 wú

出自姬姓。周文王姬昌的叔叔泰伯为了让有才能的姬昌登上王位，和弟弟仲雍自动让贤，远去江南，建立吴国。后来周朝建立，周武王封泰伯世孙周章为侯，改国号为吴，其后代遂以国名吴为姓。

【吴姓名人】

吴起：战国时期著名军事家。吴广：秦末农民起义的领导者，与陈胜一起领导了著名的大泽乡起义。吴道子：唐代著名画家。吴承恩：明代小说家，四大名著之一《西游记》的作者。吴昌硕：清代著名的篆刻家、书画家。吴敬梓：清代小说家，著有《儒林外史》。

郑 zhèng

出自姬姓。周宣王封其弟弟姬友于郑，为郑桓公，后来被韩国灭亡，其后代便以国名为姓。

【郑姓名人】

郑国：战国著名水利专家，修建了郑国渠。郑玄：东汉著名经学大师，其学说被称为“郑学”，流传甚广。郑成功：明末军事家，横渡台湾海峡，收复台湾。郑板桥：清代书画家，“扬州八怪”之一。

王 wáng

王姓源流复杂，夏王室为姒姓，商为子姓，周为姬姓，他们的后代中都有以王为姓的。但以源自周文王姬姓子孙的那一支名气最大。周灵王的儿子姬晋因敢于直谏，把父亲惹怒，被贬为平民。因其本为王族，世人称其家为王家，其后世子孙便以王为姓。

【王姓名人】

王翦、王贲：战国末年秦国名将。王昭君："四大美人"之一。王羲之：东晋书法家，人称"书圣"。王维：唐代著名诗人、画家。王安石：北宋政治家、文学家，曾主张政治改革，主持变法。王实甫：元代著名戏曲家。王国维：近代国学大师。

冯 féng

出自姬姓。据《元和姓纂》记载：周文王第十五子毕公高的孙子长卿被封于冯城（今河南荥阳县西），他的子孙以邑名为姓氏。

【冯姓名人】

冯异：东汉征西大将军。冯梦龙：明代著名文学家、戏曲家。冯子材：清末爱国将领，曾率军大败法军。冯玉祥：近代爱国将领。

陈 chén

出自妫姓。据《通志·氏族略》记载：周武王灭了商朝后，舜的后代胡公满被封于陈（今河南淮阳），其王室子孙后代以国名为姓氏。

【陈姓名人】

陈胜：秦末农民起义领袖。陈寿：西晋史学家，著有《三国志》一书。陈子昂：唐代文学家。陈天华：近代著名民主革命家。陈寅恪：现代著名历史学家。陈景润：现代著名数学家。

褚 chǔ

出自子姓。据《姓氏寻源》记载：宋共公的儿子段，字子石，受封于褚地，其子孙以封地为姓氏。

【褚姓名人】

褚少孙：西汉历史学家，曾对《史记》进行过补写。褚遂良：唐代宰相，著名书法家。

卫 wèi

出自姬姓。周文王的第九个儿子康叔帮助周武王灭了商朝后，周武王把殷墟一带（今河南安阳市附近）赐给他为封地，康叔在此建立了卫国，卫君的子孙便以国名为姓。

【卫姓名人】

卫青：西汉名将，曾七次率兵攻打匈奴。卫夫人：本名卫烁，晋代著名书法家，她的书法对王羲之、王献之影响很大。

蒋 jiǎng

出自姬姓。据记载，周武王的弟弟姬旦的第三个儿子伯龄受封于蒋（今河南淮滨一带），建立了蒋国，他的后代子孙就以国名为姓。

【蒋姓名人】

蒋琬：三国时期蜀汉的政治家，被诸葛亮称为“社稷之器”。蒋士铨：清代戏曲家、文学家。蒋介石：近现代政治名人，继孙中山之后成为中国国民党和南京国民政府领袖。

沈 shěn

出自姬姓。周文王的第十个儿子聃叔季在成王时受封于沈国，后来沈国被蔡国所灭，其子孙就以国名为姓。另外，春秋时芈姓的公子贞被封在沈鹿，也称沈氏。

【沈姓名人】

沈约：南朝文学家，其著作《四声谱》将中国汉字分为平、上、去、入四声，对我国音韵学研究有很大贡献。沈括：北宋科学家、政治家，著有《梦溪笔谈》。沈钧儒：现代著名爱国人士。沈雁冰：即茅盾，现代著名文学家，著有《子夜》《林家铺子》等。

韩 hán

出自姬姓。据《通志·氏族略》记载：周成王弟弟唐叔虞后代毕万受封于韩原（今陕西省韩城以西），称为韩武子，他的后代就以封地为姓。战国时韩、赵、魏三家分晋，韩国成为战国七雄之一。北魏时也有北方少数民族改姓韩的。

【韩姓名人】

韩非：战国末期思想家，著有《韩非子》一书。韩信：西汉大将，辅助刘邦夺得天下。韩愈：唐朝著名文学家、思想家，被誉为“唐宋八大家”之首。韩祖康：现代著名化学家。

杨 yáng

出自姬姓。据《通志·氏族略》记载：周宣王的儿子尚父受封于杨（今陕西洪洞县），人称杨侯，建立杨国，杨被晋灭后，尚父的后代便以国号为姓。另外，三国时诸葛亮曾给西南地区少数民族赐姓杨。

【杨姓名人】

杨修：东汉末年文学家。杨坚：隋朝开国皇帝。杨炯：唐代诗人，"初唐四杰"之一。杨业：北宋著名将领。杨万里：南宋诗人，"南宋四家"之一。杨振宁：现代物理学家。

朱 zhū

出自曹姓。据记载，颛顼帝的后代曹挟受封于邾（今山东曲阜东南），建立了邾国。邾国灭亡以后，其子孙后代就以国名"邾"为姓，后又有去偏旁以朱为姓。

【朱姓名人】

朱熹：南宋哲学家、教育家。朱元璋：明朝开国皇帝。朱自清：现代文学家、诗人。朱德：革命家、军事家，我国"十大元帅"之一。

秦 qín

出自嬴姓。颛顼的后代伯益辅助大禹治水有功，舜帝赐他为嬴姓。伯益的后代非子因在畜牧方面有专长，周孝王就把秦谷（今宁夏天水西南）这个地方赐给他为封地，他的后代建立了秦朝。秦灭亡后，王族子孙以国为姓。

【秦姓名人】

秦越人：即扁鹊，战国时期著名医学家。秦琼：又称秦叔宝，唐初名将，被后世百姓奉为门神。秦观：北宋著名词人。

尤 yóu

出自沈姓。据《梁溪漫录》记载：五代时，王审知为闽王，因"沈"与"审"同音，福建的沈姓为了避讳去偏旁改沈为尤，也就是说沈、尤本为一家。

【尤姓名人】

尤袤：南宋诗人，“南宋四家”之一。尤侗：清初文学家、著名戏曲作家。尤怡：清代医学家，著有《伤寒贯珠集》等。

许 xǔ

《姓源韵谱》所记，炎帝裔孙伯夷的后代文叔，受周武王封于许国（今河南许昌东），人称许侯，后来其子孙后代便以许为姓。

【许姓名人】

许慎：东汉大学问家，他的《说文解字》是我国的第一部字典。许褚：三国名将。许浑：唐代诗人，其佳句：“山雨欲来风满楼”广为流传。许儒鸿：即高阳，台湾著名历史小说家。

何 hé

出自姬姓。据《元和姓纂》记载：秦王灭韩，韩王安的子孙逃难到了长江和淮河一带定居。由于当地人读“韩”字的发音和“何”字很相似，所以他们便将错就错，改姓“何”。

【何姓名人】

何进：东汉大臣。何景明：明朝文学家，“弘治十才子”。何绍基：清朝著名书法家。何香凝：现代著名革命家、政治活动家。

吕 lǚ

出自姜姓。据《元和姓纂》记载：相传伯夷帮助大禹治水有功，受封于吕地。春秋时，楚国灭吕，吕君的子孙就以国名为姓。南北朝时鲜卑族和五代十国时北方少数民族中都有改姓吕的。

【吕姓名人】

吕尚：又名姜尚，姜太公，周初名臣。吕不韦：战国末年著名政治家，令人编写《吕氏春秋》。吕布：三国时期名将。吕蒙：三国时期吴国大将。

施 shī

出自姬姓。据《通志·氏族略》记载：鲁惠公的儿子字施父，曾在鲁国当大夫。到了鲁惠公第五代孙的时候，为了和其他的家族区分开，他们便用了施父的“施”为姓。另外，施是夏朝的诸侯国，古施国在今天湖北恩施一带。

【施姓名人】

施全：宋代著名壮士，曾刺杀秦桧，可惜失败。施耐庵：元末明初小说家，著有《水浒传》一书。施琅：清初著名水军将领。施今墨：现代著名中医专家。

张 zhāng

出自姬姓。据《元和姓纂》记载：黄帝的孙子挥很聪明。他观看无上的弧星，得到了启发，从而发明了弓箭，他的后代就以“张”为姓，意为张弓。另外，三国时诸葛亮给西南少数民族赐姓张。

【张姓名人】

张仪：战国时代的纵横家。张良：西汉名臣。张衡：东汉科学家、文学家，创制世界上第一台测量地震的地动仪。张仲景：东汉医学家，著《伤寒杂病论》一书，被誉为“医圣”。张飞：三国时期蜀汉大将。张若虚：唐代著名诗人，著《春江花月夜》一诗，流传千古。张择端：北宋著名画家，有《清明上河图》传世。张栻：南宋大学者。

孔 kǒng

出自子姓。据《元和姓纂》记载：周武王封商朝贵族微子启于宋地(今河南商丘南)，建立宋国，微子启的后代有个名嘉字孔父的，他的后代用祖父的字作为姓，便形成孔姓。

【孔姓名人】

孔丘：即孔子，儒家学派创始人，春秋末期伟大的思想家、政治家、教育家。孔融：汉末文学家，“建安七子”之一。孔尚任：清代戏曲家，代表作《桃花扇》。

曹 cáo

出自姬姓。据《通志·氏族略》记载：周武王的弟弟叔振铎受封于曹，其后代便以国号为姓。另外，颛顼的后代，其五代孙陆终的第五子安，被大禹赐为曹姓。

【曹姓名人】

曹参：西汉名相。曹操：三国时期政治家、军事家、诗人。曹丕：曹操的儿子，建魏国，史称魏文帝。曹雪芹：清代作家，著有《红楼梦》一书。

严 yán

出自庄姓。据《元和姓纂》记载：战国楚庄王的后代，以庄王的谥号为姓氏。东汉时，汉明帝刘庄，他为了不让别人与其姓名相同，于是下令将庄姓改为“严”姓，也就是说，严姓、庄姓同源。

【严姓名人】

严颜：三国时期名将。严可均：清代文学家。严复：近代启蒙思想家、翻译家。

华 huà

出自子姓。宋戴公的孙子考父是宋国的上卿，受封于华邑(今陕西华阴一带)，他的子孙便以地名为姓。

【华姓名人】

华佗：东汉末年名医，擅长内、外、妇、幼、针灸各科，尤其擅长外科，发明了“麻沸散”和健身操“五禽戏”。华罗庚：现代数学家。

金 jīn

金姓的来源较复杂，主要说法一是汉武帝时匈奴休屠王太子日金日磾归顺汉朝，被赐姓金；二是黄帝的儿子少昊称金天氏，其子孙便以金为姓。异族异姓中以金为姓很多。

【金姓名人】

金日磾：匈奴人，西汉名臣。金圣叹：明末清初文学评论家。金农：清代书画家，“扬州八怪”之一。

魏 wèi

出自姬姓。据《元和姓纂》记载：周文王第十五个儿子的后代毕万屡立战功，晋献公就把魏地封给了他，到了魏斯，与韩、赵一起分晋，建立魏国，成为战国七雄之一，被秦灭亡，他的子孙就以国为姓。

【魏姓名人】

魏无忌：魏国公子，史称“信陵君”，“战国四公子”之一。魏延：三国名将。魏徵：唐代政治家，以直率敢谏闻名于世。魏良辅：明代戏曲家。魏源：清末著名思想家、史学家。魏巍：现代著名作家，著有《谁是最可爱的人》。

陶 táo

陶是我国最古老的姓氏之一。一种说法是尧帝先住在陶，以制陶为业，后受封于唐，故称陶唐，后来他的子孙以他的居地名为姓，即陶姓。另一种说法是，周朝设立陶正这种官职专门掌管制作陶器，他们的后代从此以为姓氏。

【陶姓名人】

陶渊明：东晋著名诗人。陶弘景：南朝医学家。陶行知：现代著名教育家。

姜 jiāng

姜是我国最古老的姓氏之一，来源于远古的炎帝神农氏。神农氏出生于姜水(今陕西岐山县西)河畔，于是他就以“姜”作为自己的姓，子孙世代相传下来。

【姜姓名人】

姜思周：清代画家，擅画牡丹。姜亮夫：现代教育家、国学大师。姜维：三国蜀汉名将。姜夔：南宋著名文学家、音乐家。

戚 qī

据《姓氏考略》记载：春秋时期，卫国大夫孙林父受封于戚邑(今河南濮阳东北)，他的子孙以封邑名为姓，即戚姓。

【戚姓名人】

戚仲：宋代画家。戚继光：明代抗倭名将、军事家。

谢 xiè

出自姜姓。据《元和姓纂》记载：炎帝的后代申伯受封于谢国（今河南唐河南），于是他的子孙便以国名为姓，称谢姓。另外，南北朝时也有鲜卑族人改姓谢。

【谢姓名人】

谢姓是东晋时的名门望族，谢安和侄子谢玄都是东晋名臣。谢道韫：南朝著名女诗人，谢安的侄女。谢灵运：南朝著名山水诗人，谢玄的孙子，开创中国山水诗派，世称"大谢"。谢朓：南齐著名山水诗人，世称"小谢"。谢觉哉：现代无产阶级革命家。谢婉莹：即冰心，现代著名女作家。

邹 zōu

出自曹姓，周武王封曹挟于邾国，战国初年改国号为邹国，不久被楚所灭，后其子孙就以邹为姓。

【邹姓名人】

邹忌：齐国人，战国时期名相之一。邹衍：战国时期哲学家。邹容：民主革命烈士。邹韬奋：现代政论家、出版家。

喻 yù

出自俞姓。据《姓苑》记载：西汉苍梧太守谕猛的后代谕归改姓为"喻"，于是后世子孙便沿用喻姓。

【喻姓名人】

喻良能：宋代学者。喻希连：明代画家。喻宗：清代书法家。喻学昌：清代医学家。

柏 bǎi

出自远古的柏皇氏，传说柏皇居住在柏皇山，在今河南陈留县境内，他的子孙后代以此为姓。

【柏姓名人】

柏招：相传为炎帝的老师。柏古：清代画家。

水 shuǐ

水姓较其他姓氏出现较晚，到宋代才有记载。据《千家姓》记载：古代的治水英雄大禹的一个孙子世世代代在会稽居住，以水为氏。

【水姓名人】

水乡漠：明朝万历进士，授宁国知县，后调丹阳当官，为政清廉，责任心强。

窦 dòu

据《风俗通》记载：夏仲康的皇后为了逃避寒浞之难，从窦（墙洞）中逃出，生下儿子少康。少康即位后，为了纪念母亲，就赐自己的小儿子龙受姓窦，从此龙受的子孙便以窦为姓。

【窦姓名人】

窦婴：西汉名相，封魏其侯。窦建德：隋末农民起义领袖。窦禹钧：即宋本《三字经》中的窦燕山，五代时人，教子有方，五个儿子后来都考中进士，时称“五子登科”，历史上传为美谈。

章 zhāng

出自姜姓。据《古今姓氏书辨证》，姜子牙的一个儿子受封于鄣，鄣国被灭了后，鄣国的子孙便把国号“鄣”去掉部首，作为姓氏，表示失去国家。

【章姓名人】

章邯：项羽手下重要将领。章学诚：清代史学家、金石学家。章炳麟：近代思想家、民主主义革命家，著名学者。

云 yún

出自远古的云阳氏，后代以云为姓氏，另外，据说远古黄帝以云作为官名，夏官缙云氏的后代便以云为姓，世代相传。

【云姓名人】

云定兴：隋朝大将军。云表：唐代佛学大师。云鼎：清代高僧、名医。

苏 sū

出自嬴姓。颛项的后代陆终的儿子昆吾，被封在苏，子孙便以地名为姓。另外，北魏鲜卑族中也有改姓苏的。

【苏姓名人】

苏秦：战国时期著名政治活动家。苏武：汉代使者，出使匈奴被羁留十九年，不改气节。苏轼：宋代著名艺术大家，“唐宋八大家”之一，与其父苏洵、其弟苏辙，合称“三苏”。苏曼殊：现代文学家。

潘 pān

出自姬姓。周文王之子毕公高封他的儿子季孙于潘，他的子孙便以封地为姓。又说出自芈姓，是楚成王的后代，楚穆王的太师潘崇是这一支潘姓的始祖。另外，北魏鲜卑族也有改姓潘的。

【潘姓名人】

潘安：西晋文学家，也是历史上有名的美男子，后人常用“貌似潘安”来形容俊朗男子。潘美：北宋名将。潘玉良：近代女画家。潘天寿：现代画家、美术教育家。

葛 gě

据《通志·氏族略》记载：上古夏朝时有诸侯葛国（今河南蔡丘东北），国君叫葛伯，他的子孙以国名为姓，世代相传。

【葛姓名人】

葛洪：晋朝著名思想家、医药学家，著有《抱朴子》一书。葛云飞：清末名将。

奚 xī

出自任姓。黄帝赐儿子禺阳姓任，禺阳的后代奚仲发明了车，他的子孙便以他名子中的“奚”字为姓。

【奚姓名人】

奚子哲：孔子弟子，“七十二贤人”之一。奚涓：汉代名臣。奚疑：清代诗人、画家。

范 fàn

出自祁姓。据《元和姓纂》记载：帝尧的后裔刘累，其子孙受封于范地(今山东金乡县西北)，其后代遂以邑为姓。

【范姓名人】

范蠡：春秋末期政治家。范晔：南朝宋史学家，著有《后汉书》一书。范仲淹：北宋著名政治家、文学家，“先天下之忧而忧，后天下之乐而乐”出自其《岳阳楼记》。范文澜：当代史学家。

彭 péng

据《通志·氏族略》记载：颛顼的后裔陆终的第三个儿子叫篯铿，他就是传说中的彭祖。尧帝把彭城(今江苏徐州)赐给彭祖做封地，其子孙便以彭为姓。汉代以后也有少数民族改姓彭的。

【彭姓名人】

彭越：汉初大将。彭玉麟：清末湘军将领。彭湃：我国现代无产阶级革命家。彭德怀：我国现代无产阶级革命家、军事家。

郎 láng

据《通志·氏族略》记载：鲁懿公的孙子费伯率领军队驻扎郎城(今山东鱼台东北)，他的子孙世代都住在郎城，于是他们便以城的名字为姓。

【郎姓名人】

郎条令：唐代名医、著名画家。郎廷极：清朝大臣，由其督造的郎窑瓷器闻名世界。郎平：20 世纪 80 年代中国女排队长，五次夺取世界冠军。郎朗：当代钢琴家。

鲁 lǔ

出自姬姓。据《姓氏考略》记载：周公姬旦的儿子伯禽受封于鲁，他的子孙就以国为姓，世代相传姓鲁。东晋的乌桓、清朝满族中也有易姓为鲁的。

【鲁姓名人】

鲁仲连：战国时擅长雄辩的名士。鲁肃：三国时期吴国名臣。

韦 wéi

出自夏朝的豕韦氏。夏朝少康帝封元哲于豕韦，建立韦国（今河南滑县南），后人以国名为姓。

【韦姓名人】

韦应物：唐代诗人，其诗擅写田园风物。韦昌辉：清末太平天国将领。韦拔群：中国工农红军将领。

昌 chāng

黄帝有个儿子叫昌意，昌意的儿为颛顼，颛顼的儿子中有一支以祖父的字为姓氏。另外说出自太昊氏任姓。

【昌姓名人】

昌义之：宋朝梁国将军。昌海：明代高僧。

马 mǎ

出自赵姓。战国时赵国的将军赵奢，屡立战功，被赵惠文王封于马服，号曰马服氏，后来逐渐改为单姓，称马氏。西北少数民族中改姓马的较多。

【马姓名人】

马融：东汉学者、文学家。马援：东汉名将。马超：三国时期蜀国名臣。马致远：元代戏剧家、散曲家。马琬：元末明初画家。

苗 miáo

出自芈姓。据《姓氏考略》记载：楚国大夫伯棼篡夺王位失败，他的儿子逃到了晋国，受封于苗邑，他的后代便以地名为姓。

【苗姓名人】

苗守信：宋代著名历史学家。苗衷：明代文学家。苗夔：清代语言学家。

凤 fèng

据《姓氏考略》记载：凤姓是以官名为姓氏的，据说颛顼帝的儿子为帝的时候，以凤鸟氏为官名，他的子孙便以凤为姓。

【凤姓名人】

凤纲：汉朝著名医学家。凤山：清代广州将军。凤金：清代驻藏大臣。

花 huā

出自华氏。据《元和姓纂》记载：古代无花字，通作华。汉初有人将“华”写成“花”字，后便多了花姓。

【花姓名人】

花木兰：古代替父从军的巾帼英雄。花云：明初朱元璋的部将。花四宝：现代著名曲艺艺人。

方 fāng

据《元和姓纂》记载：西周后期周宣王的大夫方叔，为周朝的复兴作出了巨大贡献，方叔的子孙为了纪念他，便用他的字为姓氏。另外，出自姜姓神农氏的后代帮助黄帝讨伐蚩尤有功，被封于方山，于是子孙以方为姓氏。

【方姓名人】

方腊：宋代农民起义首领。方孝孺：明大臣，著名文人。方苞：清代散文家，“桐城派”代表作家。方志敏：现代无产阶级革命家。

俞 yú

俞是我国古老的姓氏之一。据《姓氏考略》记载：俞姓源自黄帝时的名医俞伯，俞伯医术高明，所以被称为俞（痊愈的意思），他的后代便以俞为姓。

【俞姓名人】

俞大猷：明代抗倭名将，历史上第一个将武术引入军队训练的人。俞樾：清代著名学者。

任 rén

据《唐书·宰相世系表》记载：黄帝的小儿子禺阳，被封在任，他的子孙后代便以封地为姓。

【任姓名人】

任日方：南宋散文家。任仁发：元代水利家、画家。任颐：清代画家。任弼时：现代无产阶级革命家。

袁 yuán

据《通志·氏族略》记载：舜的后代胡公满，他的裔孙叫诸，字伯爰，其孙子便以祖父名字中的爰字为姓，由于当时爰与袁通用，有的子孙便改姓袁。

【袁姓名人】

袁绍、袁术：汉末的世家大族。袁崇焕：明末名将。袁宏道、袁宗道、袁中道：明代诗坛三兄弟，称“三袁”。袁枚：清代诗人，号“随园先生”。袁隆平：当代著名水稻专家。

柳 liǔ

出自展氏。周公孙鲁孝公的后代展禽，即柳下惠，受封于柳下，他的子孙便以封地名为姓，即姓柳。另外，苗、水、满、蒙古、朝鲜等民族中也有柳姓。

【柳姓名人】

柳宗元：唐代文学家、哲学家，“唐宋八大家”之一。柳公权：唐代著名书法家。柳永：宋代词人。柳如是：清初传奇女子。

酆 fēng

出自姬姓。据《姓氏考略》记载：周文王第十七子被封在酆(今陕西西安东)，子孙后代以封地称姓。

【酆姓名人】

酆稷：宋朝人。酆寅初：元末明初人，曾任国子司业，相传活至105岁。

鲍 bào

出自拟姓。禹的后代鲍叔在齐国任大夫，受封于鲍邑，于是他的子孙便以封地名为姓。北魏时也有鲜卑族改姓鲍的。

【鲍姓名人】

鲍叔牙：春秋齐国相国，曾主动让贤于管仲，备受世人称赞。鲍昱：东汉水利专家。鲍照：南朝文学家。

史 shǐ

黄帝时的史官仓颉创造了汉字，他的子孙便以他的官名为姓。隋唐时西域的康国和突厥族中归附中土的也有以史为姓的。

【史姓名人】

史思明：唐代将领，参与安禄山叛乱，史称“安史之乱”。史可法：明末爱国将领，坚守扬州拒绝诱降而最终殉国，为世人称赞。

唐 táng

出自祁姓。尧的儿子丹朱建立了唐国，唐国灭亡后，唐国的子孙便以国号为姓。原来尧的后代迁到杜，称唐杜氏。这两支的子孙都以国名为姓氏。

【唐姓名人】

唐棣：元代画家。唐寅：即唐伯虎，明代画家、文学家，被誉为“江南第一才子”。唐绍仪：现代著名外交家。

费 fèi

出自嬴姓。伯益辅助大禹治水有功，受封于费（今山东鱼台西南）。伯益的儿子继位后，便以封地名为姓。另外，鲁桓公的儿子季友为大夫，食邑在费，他们的后代都以地名作为姓氏。

【费姓名人】

费祎：三国时蜀国名相。费道宁：宋代著名画家。费孝通：现代著名社会学和人类学家。

廉 lián

据《姓苑》记载：黄帝的后代有颛顼，颛顼的后人有叫大廉的，大廉的后代就以祖先的字做姓氏。

【廉姓名人】

廉颇：战国时赵国名将，其“负荆请罪”的故事妇孺皆知。廉范：东汉名臣。

岑 cén

出自姬姓。周朝时，周武王把岑邑赐给他的堂弟渠，渠随后建立了岑国，他的子孙便以国名为姓。

【岑姓名人】

岑彭：东汉开国名将。岑参：唐代著名边塞诗人，善七言歌行。岑毓英：清代云贵总督，爱国将领。

薛 xuē

出自任姓。据《元和姓纂》记载：黄帝的儿子禺阳第十二代孙奚仲的封地在薛（今山东藤县），人称薛侯，他的子孙便以国为姓。北魏鲜卑族和其他北方少数民族中改姓薛的也很多。

【薛姓名人】

薛仁贵：唐代名将。薛福成：清末著名外交家、散文家。

雷 léi

出自黄帝一族。据《姓氏考略》记载：黄帝时期有位大臣叫雷公，他精通医术，其后人便以祖先的名字为姓。

【雷姓名人】

雷海青：唐代宫廷乐师。雷万春：唐代爱国将领。雷洁琼：当代著名妇女活动家。雷锋：乐于助人的模范。

贺 hè

出自姜姓庆氏。齐桓公的孙子庆克的儿子庆封以父名为姓，称为庆姓。东汉时他的后代为了避开汉安帝父亲刘庆的名讳，便改姓贺。

【贺姓名人】

贺若弼：隋代大将。贺知章：唐朝诗人、书法家。贺铸：北宋词人，因《青玉案》“一川烟草，满城飞絮，梅子黄时雨”的句子人称“贺梅子”。贺龙：现代无产阶级革命家、军事家，共和国十大元帅之一。

倪 ní

出自姬姓。春秋时期，邾武公将次子封于郳(今山东藤县东)，其子孙便以国名郳为姓，后郳被楚所灭，其子孙为避仇，遂将“郳”改为“倪”。

【倪姓名人】

倪瓒：元代著名画家。倪继宗：清代诗人。倪志钦：现代著名跳高运动员。

汤 tāng

出自子姓。商汤是商朝的开国皇帝成汤的帝号，他建立了商朝后，他的一部分子孙便以他的字汤为姓。

【汤姓名人】

汤和：明初大将。汤显祖：明代戏曲作家、文学家，代表作《牡丹亭》广为流传。汤用彤：当代学者。

滕 téng

出自姬姓。周武王把他的弟弟叔绣封于滕(今山东藤县)，他的子孙便以国名为姓。

【滕姓名人】

滕子京：北宋人，与范仲淹同年中进士，贬官至湖南岳阳，重修岳阳楼，因此有了范仲淹千古名篇《岳阳楼记》。滕代远：现代无产阶级革命家。

殷 yīn

出自子姓。商朝原来的都城在亳，到第十代君王的时候，都城迁到了殷(今河南安阳)，并改国号为殷。被周灭了后，殷王室的子孙便以殷为姓。

【殷姓名人】

殷仲容：唐代画家。殷奎：明代学者。殷云楼：清代书画家。

罗 luó

出自云姓。罗姓是祝融的后代，周朝的时候建立了罗国，春秋时被楚所灭，于是他们的后代便以故国名为姓。

【罗姓名人】

罗贯中：元末明初小说家，著有《三国演义》一书。罗振玉：清末金石收藏家。罗泽南：清末湘军将领。罗荣桓：中国人民解放军十大元帅之一。

毕 bì

出自姬姓。周文王第十五个儿子高被封于毕国（今陕西咸阳北），历史上称为毕公高，他的后代便以国名为姓。北朝时鲜卑族中也有改姓毕的。

【毕姓名人】

毕昇：宋代人，活字印刷术的发明者。毕涵：清代画家。毕沅：清代大臣，著名学者、藏书家。

郝 hǎo

一说殷朝帝乙把郝乡赐给了儿子期，期的后代便以封地为姓。另说出自太昊氏，太昊的弟弟省封在郝，子孙以封地为姓氏。

【郝姓名人】

郝隆：晋代名人，家境贫寒，非常好学，一年七月初七，有钱人家把衣服拿出来晒太阳，郝隆仰卧着晒太阳，说是晒腹中书。

邬 wū

出自伊祁氏。春秋时期，颛顼曾孙陆终的四子求言受封于邬，他的子孙便以封地名为姓。

【邬姓名人】

邬彤：唐代书法家，善草书。邬希文：清代画家。

安 ān

黄帝的儿子昌意有子名安，住在西戎，建立安息国。春秋时，其子孙回到中原，乃以安为姓。安姓的另外一支是后魏皇帝给予少数民族的赐姓。

【安姓名人】

安期生：汉朝初年隐逸高士。安禄山：唐臣，与史思明叛乱，史称“安史之乱”。安岐：清代著名书画鉴藏家。

常 cháng

黄帝时有宰相叫常先，常先的后代子孙以他的名字中的“常”为姓。另说是周武王的弟弟康叔的后代。

【常姓名人】

常惠：西汉人，苏武出使时的副使。常遇春：明代大将。常志美：清代宗教学者。常香玉：现代著名豫剧表演艺术家。

乐 lè

出自子姓。春秋时宋戴公的儿子公子衎，字乐父，子孙便以先祖的字为姓氏。

【乐姓名人】

乐毅：战国时著名军事家。乐天宇：当代农林科学家。乐茂盛：举重世界冠军。

于 yú

出自姬姓。周武王灭商以后，他的儿子邘叔被封在邘国(今河南泌阳县)，邘叔的子孙便以国名为姓，有的则去掉偏旁姓于。北魏和唐代都有改姓为于的。

【于姓名人】

于禁：三国时魏国名将。于谦：明代兵部尚书，民族英雄。于佑庭：现代高等教育重要奠基人、书法家。

时 shí

出自子姓。春秋时宋国的大夫公子来，封地在时，子孙于是以时为姓氏。

【时姓名人】

时大彬：明末宜兴人，制陶名家。时传祥：城市清洁工，20世纪50年代全国劳动模范。

傅 fù

据《元和姓纂》记载：商王武丁的宰相傅说(yuè)本是个没有姓名的奴隶，商王武丁是在一个叫傅岩的地方找到了他，所以傅说的后代便以地名为姓。

【傅姓名人】

傅玄：西汉哲学家、文学家。傅雷：现代著名翻译家。傅抱石：

现代画家、美术教育家。

皮 pí

春秋时，鲁献公的儿子樊仲皮被封于樊，他的后代便以祖先名字中的“皮”作为自己的姓。

【皮姓名人】

皮日休：唐代著名诗人。皮锡瑞：清代文学家、史学家。

卞 biàn

出自姬姓。黄帝有个儿子叫龙苗，他的孙子明受封于卞国(今山东泗水)，史称卞明，后来他的后代子孙便以国号为姓。另周武王的弟弟叔振铎的后代在鲁国做官，被封在卞(今山东兖州)，子孙以地为姓。

【卞姓名人】

卞和：春秋楚国玉匠，“和氏璧”的发现者。卞华：南朝的经济学家、音乐家。卞氏：魏武宣皇后，曹丕和曹植的生母。卞之琳：现代诗人。

齐 qí

出自姜姓。周朝初年，姜太公因辅佐周王而被封于齐国，他的子孙便以国号为姓。春秋时卫国有大夫齐子，本为姬姓，字为齐子，其子孙以祖先之字为姓，成为齐姓一支。

【齐姓名人】

齐德之：元代医学家。齐白石：现代书画家、篆刻家，擅长画虾。

康 kāng

出自姬姓。春秋时卫国国君康叔，他的后代以祖先的谥号为姓氏。另说，汉时西域有康居国，其五室子孙一支归附中土，在河西定居，以康为姓，这是甘肃的康氏。

【康姓名人】

康进之：元杂剧作家，作品《李逵负荆》。康海：明文学家。康有为：清末维新运动领袖、近代启蒙思想家。

伍 wǔ

伍氏是春秋时楚国的公族，世代为楚国卿大夫。

【伍姓名人】

伍子胥：春秋时期吴国大夫。伍孚：三国名臣。伍廷芳：清末民初外交与司法活动家。

余 yú

春秋时，秦国有个大臣名叫由余，余姓是由余的后代。由余本是晋国人，后被秦穆公留在秦国任用，使秦国成为西方霸主，他的子孙便以他的名字为姓。

【余姓名人】

余象斗：明代小说家。余怀：清代文学家。余叔岩：京剧表演艺术家。

元 yuán

商朝有太史元铣，据说为最早的元姓。春秋时卫国大夫被封于元咺(今河北大名县)，他的后代便以元为姓。北魏孝文帝大力推广汉制，将本姓拓跋氏改汉姓元。

【元姓名人】

元稹：唐朝诗人，代表作《莺莺传》。元好问：金代著名文学家。

卜 bǔ

周文王的儿子滕叔绣为朝廷的太卜，他的后代就以其官职名为姓。

【卜姓名人】

卜商：孔子弟子，七十二贤人之一。卜舜天：清代画家。

顾 gù

夏朝昆吾氏的子孙受封于顾国(今河南范县)，后来被成汤所灭，顾国王室子孙便以国号为姓。另说越王勾践的后代在汉代封为东海王，顾摇是这一支顾姓的始祖。

【顾姓名人】

顾恺之：晋代画家。顾闳中：五代南唐画家。顾炎武：清代思想家、学者。顾颉刚：现代历史学家。

孟 mèng

出自姬姓。鲁桓公的儿子庆父是鲁国的公卿，号孟孙氏，其后代就以孟为姓。另说卫国公孟縶之后，子孙以其字为姓。

【孟姓名人】

孟轲：战国时期思想家、政治家、教育家，后世尊其为“亚圣”。孟浩然：唐代著名诗人。孟知祥：五代时后蜀政权的建立者。

平 píng

战国时韩哀侯的小儿子诺封于平邑，他的子孙就以封地为姓。另说齐国相晏平仲的后代，以其父名为姓。

【平姓名人】

平当、平晏父子：西汉名相。平安：明代大将。平显：明代著名诗人。平翰：清代著名书法家。

黄 huáng

出自嬴姓。周朝初期，陆终的子孙受封于黄(今河南潢川以西)，黄国被楚灭后，其子孙以国名为姓。另外，唐代邕管的少数民族也有黄姓。

【黄姓名人】

黄歇：战国时号春申君，曾为楚相。黄忠、黄盖：三国蜀、吴之名将。黄巢：唐末农民起义领袖。黄庭坚：北宋著名诗人、书法家。黄公望：元代大画家。黄宗羲：明末清初大思想家。

和 hé

据《元和姓纂》记载：尧帝时，有位名叫羲和的大臣掌管天文，其后代以此为荣，遂以和为姓。另有一说为卞和的后代。

【和姓名人】

和峤：西晋名臣。和逢尧：唐朝名臣。

穆 mù

出于子姓。为宋穆公后代，另有出于姬姓，为周穆公后代，均以祖先的谥号为姓氏。

【穆姓名人】

穆修己：唐代画家。穆修：宋代文学家、音韵学家。穆青：当代著名记者。

萧 xiāo

出自子姓。春秋时宋国微子启的孙子被封于萧（今江苏徐州萧县），后来萧国被灭，萧国的王族便以国号为姓。

【萧姓名人】

萧何：汉初大臣，被誉为“兴汉三杰”之首。萧道成：南朝齐的建立者。萧统：南朝梁的昭明太子，有《文选》传世。萧从云：清代画家。

尹 yǐn

出自远古的少昊氏。少昊的儿子般的封地是尹城（今山西隰县），于是般的子孙便以封地名为姓。另说以官职为姓氏，因为尹也是官职。

【尹姓名人】

尹吉甫：周宣王时名臣。尹文：战国时期哲学家。尹洙：北宋大臣、散文家。

姚 yáo

虞舜出生于姚墟（今河南濮阳），所以他的后代以他出生地为姓。

【姚姓名人】

姚崇：唐代三朝宰相。姚鼐：清代散文大家。姚雪垠：现代文学家，有长篇历史小说《李自成》。

邵 shào

出自姬姓。周朝的召公被封在召（今山西岐山县），他的子孙以地名为姓，召姓后人中有的在召旁加邑“阝”，表示封邑之间，遂组成邵字，以为姓。

【邵姓名人】

邵雍：北宋哲学家，一生研究《易经》。邵力子：现代政治家。邵逸夫：香港著名电影事业家、慈善家。

湛 zhàn

出自姒姓。为夏王室的同姓。另说夏代的诸侯有斟灌氏，后代取两字的一半合为湛姓。另说出于地名。

【湛姓名人】

湛方生：东晋诗人。湛若水：明朝大臣，理学家。

汪 wāng

出自上古的汪茫氏。上古虞舜及夏代、商代都有汪芒氏古国，子孙以国名为姓，后单称汪氏，即姓汪。另说鲁成公的后代有封邑于汪，因地得姓。

【汪姓名人】

汪藻：北宋文学家。汪元量：宋代词人。汪士慎：清代书画家，“扬州八怪”之一。

祁 qí

尧帝姓伊祁，于是他的子孙中有一部分人以字为姓。另说晋献侯的后代被封在祁，后代以封地为姓氏。

【祁姓名人】

祁奚：晋国大夫，以“外举不避仇，内举不避亲”而闻名。祁韵士：清代著名学者。

毛 máo

出自姬姓。周文王的第八子叔郑被封在毛(今河南宜阳一带)，称毛伯，世代为周天子大臣，后代以国号为姓氏。

【毛姓名人】

毛遂：战国名士，有“毛遂自荐”美名。毛亨：西汉著名学者，相传是古诗学“毛诗学”的开创者，世称“大毛公”。毛泽东：中国共产党的卓越领袖和新中国的缔造者。

禹 yǔ

出自姬姓。禹姓是治水的大禹的后代。据《广韵》记载：春秋时有鄅国(今山东临沂市北)，鄅国亡国后，鄅国的人便把国号去掉部首，姓禹。

【禹姓名人】

禹祥：明代著名廉吏。禹之鼎：清代著名画家。

狄 dí

出自姬姓。周代的时候，狄族活动于齐、鲁、晋、卫之间，其后世子孙便以族名为姓。另一个说法是周成王的弟弟受封于狄城（今河北正定县），他的子孙便以狄为姓。

【狄姓名人】

狄墨：孔子的学生。狄仁杰：唐代名臣，擅长断案。

米 mǐ

据《通志·氏族略》记载：隋唐时，西域有个米国（今乌兹别克斯坦附近），当时常有米国人来中原定居，他们以国名为姓，后来便形成了米姓。另说出自芈姓。

【米姓名人】

米芾：北宋书法家。米万钟：明代画家。米汉雯：清代诗人。

贝 bèi

出自姬姓。周朝如康公的儿子封在贝丘（今河北清河县东），后代因地得姓。另说古时郥国（今河北巨鹿泜水一带），为燕国附属国，其子孙以国名为姓，后去偏旁为贝氏。

【贝姓名人】

贝义渊：南朝书法家。贝琳：明代文学家。贝聿铭：当代著名建筑专家。

明 míng

出自姬姓。远古的燧人氏的大臣有明由，明由的子孙以明为姓氏。另说秦国丞相百里奚的儿子孟明视，打败了晋军。他的子孙为纪念他，便以他的字“孟明”为姓，后来改姓明。

【明姓名人】

明克让：隋朝学者。明玉珍：元末大夏政权的建立者。明安图：清代蒙古族杰出的数学家、天文学家。

臧 zāng

出自姬姓。春秋时，鲁孝公的儿子驱字子臧。他的子孙以他的字中的“臧”为姓。另说鲁惠公的儿子名欣，字子臧，他的后代用他的字为姓氏。

【臧姓名人】

臧懋循：明代戏剧理论家。臧克家：现代著名诗人。

计 jì

据《路史》记载：夏商时有计国，是夏禹后人的封国，计国被周人灭后，禹的后人就以封国名命姓。另据《姓氏考略》记载：周武王封少昊的后代在莒（今山东莒县西南），建立莒国，以计为都城，子孙因地得姓。

【计姓名人】

计有功：宋朝诗人、史学家。计楠：清代画家，尤喜画梅，时称“计经梅”。

伏 fú

伏羲氏的后代，以伏羲的号为姓氏。北周时，有个人名叫侯植，武艺绝伦，魏孝武帝赐其姓侯伏氏，后为伏姓。

【伏姓名人】

伏胜：汉代著名经学家。伏湛：汉光武帝时大臣。伏适：唐代医学家。伏明霞：当代著名跳水运动员。

成 chéng

出自姬姓。周文王第五个儿子叔武的封地在郕（今山东宁阳北），他的后代以国名为姓，有的去掉偏旁以成为姓。

【成姓名人】

成得臣：春秋时楚国贤臣。成无己：金代医学家，最早诠释《伤寒论》。成仿吾：现代教育家、文学家和翻译家。

戴 dài

西周有戴国（今河南民权县东），戴国被郑国所灭后，子孙以国名为姓。另据《姓氏考略》记载：春秋时宋戴公，戴是其谥号，子孙后代便以他的谥号为姓。

【戴姓名人】

戴逵：东晋学者、画家。戴震：清代思想家、学者。戴望舒：现代著名诗人，有名诗《雨巷》。

谈 tán

出自籍姓，是周朝大夫籍谈的后代，秦朝末年，为避西楚霸王项籍的讳，改姓谈。另说殷代贵族微子启封于宋，传到三十六代谈君，被楚灭亡，其子孙以谈为姓，表示不忘故国。

【谈姓名人】

谈泰：清代天文历算学家。谈支仁：清代画家。谈家桢：现代著名生物遗传学家。

宋 sòng

出自子姓。周武王灭商朝后，周公把商丘封给纣王的哥哥微子启，微子启建立了宋国，他的子孙就以宋为姓。

【宋姓名人】

宋玉：战国时楚国辞赋家。宋之问：唐代诗人。宋祁：北宋文学家、史学家，有《玉楼春》词名句“红杏枝头春意闹”，流传千古。宋应星：明代科学家。宋教仁：近代民主革命家。宋庆龄：孙中山夫人。

茅 máo

出自姬姓。周公的第三个儿子被封于茅（今山东金乡县西南），并建立茅国，后茅国被邹国灭亡，茅国公族子孙便以国名为姓。

【茅姓名人】

茅坤：明代散文家。茅星来：清代学者。茅以升：现代著名桥梁建筑学家。

庞 páng

出自姬姓。周文王的儿子毕公高的后代受封于庞（今陕西兴平县），子孙便以封地为姓。另说出自高阳氏，是颛顼的后代。

【庞姓名人】

庞涓：战国时期魏国名将。庞统：三国时与诸葛亮并称“卧龙凤雏”，刘备的军师。庞安：宋代名医。

熊 xióng

出自高阳氏。相传黄帝建都于有熊，又称有熊氏，后代有的以地名为姓，称熊姓。又据《姓氏考略》记载：商末楚地有位老人叫鬻熊，很有学问，曾做过周文王的老师，著有《鬻子》一书。他的后代以祖先的名字为姓。

【熊姓名人】

熊廷弼：明代军事家。熊大木：明代小说家。熊赐履：清代大臣、著名学者。熊庆来：当代数学家。

纪 jì

出自姜姓。纪姓是炎帝的后代，据说周武王把纪这个地方封给了炎帝的后代，他们建立了纪国(今山东寿光县南)。子孙后代就以国号为姓。

【纪姓名人】

纪信：秦末刘邦部将。纪君祥：元代戏曲家，代表作《赵氏孤儿》。纪昀：即纪晓岚，清代乾隆年间进士，任“四库全书”总纂。

舒 shū

颛顼的后代封在舒(今河北平乡县)，其子孙以国号为姓。春秋时，有舒、舒庸、舒龚等小国，他们被称为“群舒”。后来，这些小国被灭，他们的后代便以“舒”为姓。

【舒姓名人】

舒翁：宋代制陶专家。舒位：清代诗人。舒庆春：即老舍，现代著名小说家、戏剧家，有小说名作《骆驼祥子》、话剧《茶馆》。

屈 qū

出自芈氏。春秋时楚武王的儿子在楚国当莫敖，他的封地在屈地(今湖北秭归)，他的子孙便以地名为姓。北魏时，北方少数民族也有改姓屈的。

【屈姓名人】

屈原：战国时期楚国伟大浪漫主义诗人，有千古绝唱《离骚》。屈大均：明末清初著名文学家。

项 xiàng

出自芈氏。春秋时期，楚国公子燕受封于项城(今河南项城)，他的子孙就以城名为姓。另一支出自姬姓，为周王室后代，建立项国，春秋时项国被齐国所灭，王室后代以故国号为姓氏。

【项姓名人】

项羽：秦末农民起义领袖，自封西楚霸王。项元汴：明代书画鉴定收藏家。项圣谟：清代画家。

祝 zhù

出自有熊氏。周武王灭商，封黄帝的后代于祝(今山东历城西南)，其后世子孙就以国名祝为姓。另外，上古时祭祀中主管致辞的官员叫祝，太祝或祝史，世袭为祝的官员后代以官名为姓。

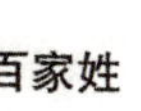

【祝姓名人】

祝英台：晋代女子，她和梁山伯的爱情传说被后人广为传颂。祝枝山：明代才子，书法家、文学家，“吴中四子”之一。祝昌：清代画家。

董 dǒng

周代有虞国人名董父，他为舜帝驯养蛟龙，舜赐他姓董，他的后代便以董为姓。春秋时，周朝有大夫辛有，辛有有两个儿子在晋国任太史，董督晋国的典籍史册，他的子孙世袭晋国史官，以官为氏，称董氏。

【董姓名人】

董仲舒：西汉哲学家，提出“罢黜百家，独尊儒术”，以确立儒家学说为正流。董宣：东汉名臣，刚直不阿，被称为“强项令”。董源：五代南唐著名画家。董其昌：明代大书法家。董存瑞：现代战斗英雄。

梁 liáng

出自嬴姓。周平王封秦仲第二个儿子康于到夏阳梁山，建立了梁国（今陕西韩城一带）。后来秦穆公灭了梁国，梁国的子孙便按当时的惯例，以国号为姓。

【梁姓名人】

梁鸿：东汉著名隐士、诗人。梁令瓒：唐代天文学家。梁启超：近代资产阶级改良主义者、学者。梁思成：现代著名建筑学家。

杜 dù

据《元和姓纂》记载：尧的后代建立唐国（今陕西翼城县西），后来唐被周成王所灭，逃到杜（今陕西西安东杜陵），以杜为姓，世代相传。另说，杜姓子孙是黄帝时善于酿酒的杜康的后代。

【杜姓名人】

杜预：西晋著名军事家。杜如晦：唐初名臣。杜甫：唐代著名诗人，人称“诗圣”。杜牧：唐代诗人，世称“小杜”，代表作为《阿房宫赋》。

阮 ruǎn

皋陶的后代被封于阮国（今甘肃泾川县东南），在汾水、渭水之间，阮国被周灭了以后，阮国的子孙便以国号为姓。

【阮姓名人】

阮籍：晋代文学家，“竹林七贤”之一。阮咸：阮籍的侄子，善弹琵琶，“竹林七贤”之一。阮逸：宋代音乐家。

蓝 lán

出自姜姓。据《蓝氏族语》记载：蓝氏的受姓始祖为炎帝神农氏十一世孙帝榆罔之子，赐姓“秀蓝”，赐名昌奇。又说出自芈姓。楚王室后代被封在蓝（今河南登封县西南），子孙因地得姓。

【蓝姓名人】

蓝采和：唐代人，民间传说中的“八仙”之一。蓝玉：明初大将。蓝琪：明末浙派重要画家。

闵 mǐn

出自姬姓。春秋时鲁庄公的儿子当了两年国君就被庆父杀害，谥号闵，历史上称他为鲁闵公。他的子孙便以他的谥号为姓。

【闵姓名人】

闵子骞：孔子弟子，七十二贤人之一。闵贞：清代画家。

席 xí

出自籍姓。据《万姓统谱》记载：尧为部落首领的时候，遇到一个自称为席氏的老翁，击壤而歌。尧拜他为师，席师就是席氏的先祖。春秋时期，晋国有大夫籍谈，他的后代在秦末为了避项羽的讳，将籍改为席，从此形成席姓。

【席姓名人】

席豫：唐代诗人。席煜：清代画家。席慕容：台湾当代女诗人。

季 jì

出自姬姓。上古陆终的小儿子季边，他的后代以祖先的排行为姓。另有春秋时期，鲁庄公的弟弟季友平定了庆父之乱，其子孙以他的字命姓，称为季姓。

【季姓名人】

季布：秦末汉初的游侠，以“一诺千金”闻名。季本：明代经学家。季生：清代画家。季羡林：当代著名学者。

麻 má

出自芈姓。先秦时，楚国的公族熊婴离开楚国来到了齐国，封地在麻(今湖北麻城)，改姓麻氏。另说，周代时，楚国有熊姓大夫食采于麻，其后代子孙以封邑名为姓，称麻姓。

【麻姓名人】

麻叔谋：隋朝时主持开挖汴河。麻士龙：南宋抗金英雄。麻九畴：金代著名学者、诗人、经学家、数学家、医学家。

强 qiáng

出自姜姓。黄帝的玄孙中有叫禺彊的，他的后代以彊为姓，因古代彊与强相通，所以后来改为强姓。另说春秋时期，齐国公族中有个叫公孙彊的，彊和强在古代通用，后代以先祖的字为姓。

【强姓名人】

强存仁：明代画家。强行建：清代学者、诗人、书法家、医学家。

贾 jiǎ

出自姬姓。周康王封贾地(今山西临汾)给叔父唐叔虞的儿子公明，公明的号是贾伯，他的子孙便以国为姓，称贾姓。

【贾姓名人】

贾谊：西汉政论家、文学家，有《过秦论》传诵于世。贾思勰：北魏农学家，著有《齐民要术》一书。贾岛：唐代“苦吟”诗人。贾仲明：明初戏曲作家。

路 lù

出自高辛氏。帝喾高辛氏的孙子玄元在尧时立了大功，被封为路中侯，后代便以路为姓。黄帝为首领时，封炎帝支子于潞地(今山东大名县东），其后代子孙以封地为姓，后去偏旁为路氏。

【路姓名人】

路温舒：西汉学者，《汉书》有传。路遥：当代著名作家，著有长篇小说《平凡的世界》。

娄 lóu

出自姒姓。周武王封少康的后代于杞国（今河南杞县），杞国被灭后，东楼公有部分后代住在娄邑，他们以地名为姓，称娄姓。

【娄姓名人】

娄师德：唐代武则天时期名相。娄枢：明代经学家。娄家：明代书法家。娄琼：明代著名学者。

危 wēi

虞舜的时代南方少数民族有三苗部落，后舜帝将其迁徙到西北三危山（今甘肃敦煌东），危姓是其三危氏的后代。另外，据史书记载：明初文学家危素之祖本姓黄，他改姓危后，其后人亦称危氏。

【危姓名人】

危逢吉：宋代学者。危素：明初的文史学家。危亦林：明代医学家。

江 jiāng

出自嬴姓。为大禹助手伯益后代的一支，受封在江（今河南正阳县西南一带），子孙就以地名为姓。

【江姓名人】

江总：南朝陈文学家。江淹：南朝梁文学家。江参：宋代大画家，有《千里江山图》留名千秋。

童 tóng

春秋时晋国的大夫胥童，他的子孙以童为姓。另据《元和姓纂》记载：颛顼帝的儿子老童，他很有音乐天分，擅长唱歌，他的后代以其字为姓。

【童姓名人】

童仲玉：汉代富豪，一生乐善好施。童翰卿：唐代诗人。童伯羽：宋代学者。童钰：清代藏书家。童第周：现代著名科学家。

颜 yán

周武王封上古陆终的后代于郳（今山东邹县东南），郳国的后裔中有一个人名夷父，字颜，他的子孙就以祖先的字为姓。另外，周公旦的后裔受封于颜邑，其子孙遂以颜为姓。

【颜姓名人】

颜渊：孔子的学生，七十二贤之一。颜之推：北齐教育家、文学家，著有《颜氏家训》。颜真卿：唐代书法家，创出笔力雄劲的“颜体”。颜师古：唐代训诂学家。颜元：清初思想家。

郭 guō

出自姬姓。周武王封王室宗亲虢叔于虢（今河南荥阳县东），虢、郭声音相近，有人就称虢叔为郭公，其子孙就以国名的谐音字“郭”为姓。

【郭姓名人】

郭嘉：三国时曹操手下著名谋士。郭子仪：唐代名将，平定了

"安史之乱"。郭守敬:元代文学家、科学家、数学家。郭嵩焘:清代名臣,外交家。郭沫若:现代作家、诗人、历史学家。

梅 méi

出自子姓。殷商时,商王太丁封他的弟弟于梅(今河南汝阳县东南),世称梅伯,梅伯的子孙便以封地为姓。清代满族人也有改姓梅的。

【梅姓名人】

梅尧臣:宋代文学家。梅文鼎:清代天文学家。梅兰芳:现代著名京剧艺术大师。

盛 shèng

出自姬姓。周朝初期有一个盛国(今山东泰安南丰华一带),到春秋的时候,盛国被齐国灭了,盛国的后代便以国号为姓。另外,清朝八旗中也有汉化改姓盛的。

【盛姓名人】

盛寅:明代名医。盛茂烨:明代画家。盛大有:清代画家。盛年:清代围棋大师。盛中国:当代著名小提琴家,代表作《梁祝》。

林 lín

出自子姓。据《林氏正宗源流族谱》记载:比干是商纣王叔父,被纣王所杀,他的妻子逃到树林里,生下了儿子坚。后来坚和母亲得到了周武王的礼待,因为他是在树林里出生,所以周武王赐他姓林。

【林姓名人】

林逋：宋代诗人，有“梅妻鹤子”之典和“疏影横斜水清浅，暗香浮动月黄昏”名传千古。林则徐：清代禁烟抗英的民族英雄。林语堂：现代著名学者、文学家。

刁 diāo

出自姬姓。周朝初年分封有雕国，雕国子孙后来改成刁姓。据《通志·氏族略》记载：刁姓是齐大夫竖刁之后。春秋时代齐国和晋国姓刁的最多。

【刁姓名人】

刁冲：南北朝时期著名学者。刁光：唐代著名画家。刁戴高：清代书法家。

钟 zhōng

出自芈氏。春秋时楚国公族建被封在钟吾，子孙以钟为姓氏。周代伯益的后人被封在钟离国(今安徽凤阳北)，国人称钟离氏，后简化姓钟。复姓“钟离”和单姓“钟”血缘同脉。

【钟姓名人】

钟繇：三国时书法家。钟嵘：南朝文艺批评家，其《诗品》对后代文艺评论影响巨大。钟嗣成：元代戏曲家。钟观光：近代植物学家。

徐 xú

出自嬴姓。禹封伯益的儿子若木在徐国(今安徽泗县一带)，夏商周三代世世代代为诸侯，后来徐被吴国灭亡，其子孙遂以国名为姓。

【徐姓名人】

徐庶：三国名士。徐光启：明代科学家，著有《农政全书》。徐霞客：明代地理学家、旅行家、文学家，有《徐霞客游记》。徐悲鸿：现代著名画家。徐志摩：现代新月派诗人。

邱 qiū

出自姜姓，为姜太公的后代。西周时，姜太公建立了齐国，都城在营丘（今山东临淄），他的子孙后来就以地名为姓，称为丘姓。一直到清朝雍正年间，为了避孔子（名丘）名号，改为“邱”。

【邱姓名人】

邱免：宋代抗金将领。丘处机：元代道教领袖。邱园：清代戏曲家、画家。邱少云：志愿军战斗英雄。

骆 luò

出自嬴氏。世代居住在太丘的大骆，以大骆为国号，周厉王时，被西戎灭亡，子孙后代遂以国号为姓氏。另说姜子牙有个儿子叫骆，他的后代便以他的名字为姓，世代相传姓骆。

【骆姓名人】

骆宾王：唐代文学家，“初唐四杰”之一。骆文盛：明代学者。骆玉笙：现代著名曲艺表演艺术家。

高 gāo

出自姜姓。神农氏的后代齐太公的第六代孙文公的封地在高（今河南禹县），开始有高姓，高姓世代为齐国公卿。

【高姓名人】

高渐离：战国末年义士，荆轲好友。高适：唐代边塞诗人。高怀德：北宋初年名将。高攀龙：明代大儒。高武：明代医学家，针灸发明者。高鹗：清代文学家，续写了《红楼梦》。

夏 xià

出自姒姓。禹治水有功，舜把王位让给了禹，禹死后，他的儿子启继承了王位，建立了夏朝，从此便出现了夏姓。

【夏姓名人】

夏圭：南宋著名画家。夏完淳：明代爱国诗人。夏敬渠：清代小说家。夏瑞芳：清代出版家。夏曾佑：清代学者。

蔡 cài

出自姬姓。周文王第五个儿子叔度封于蔡（今河南上蔡），建立蔡国，蔡国被楚灭亡，他的后人便以国号为姓。

【蔡姓名人】

蔡伦：东汉发明家，造纸术的发明者。蔡文姬：东汉女诗人。蔡邕：东汉文学家、书法家。蔡襄：宋代书法家。蔡锷：近代军事家，领导参加了反对袁世凯称帝的护国军起义。蔡元培：近代教育家。

田 tián

出自陈姓。陈桓公的儿子陈完为躲避内乱逃到了齐国，改称田姓，他的子孙遂以田为姓。

【田姓名人】

田穰苴：春秋时齐国军事家。田忌：战国时著名军事家。田文：史称孟尝君，“战国四公子”之一。田横：齐国贵族，秦末重建齐国。田文镜：清代名臣。田汉：近代剧作家、诗人，新中国国歌歌词作者。

樊 fán

出自子姓和姬姓，商王室七族之一有樊氏。另有周文王的儿子虞仲的后代仲山甫，治国有功被周宣王封于樊地(今河南济源县西南)，他的后代便以封地名为姓。

【樊姓名人】

樊於期：战国时秦国将军。樊哙：汉初开国名将。樊崇：汉代农民起义领袖。樊圻：清代著名画家。

胡 hú

出自妫姓。周武王封舜的后代妫满为陈侯，谥号为陈胡公，他的后代中有一些人以地名为姓氏，有一些人以他的谥号中的“胡”为姓。

【胡姓名人】

胡安国：宋代学者。胡雪岩：清代著名富商。胡林翼：清代湘军名将。胡适：现代著名学者，新文化运动的发起人之一。

凌 líng

出自姬姓。古时候宫廷里用的冰块叫凌，而掌管冰的官叫凌人。周武王的弟弟卫康叔的儿子在宫中担任凌人，他的后代就以他的官职名为姓，于是便产生了凌姓。

【凌姓名人】

凌统：三国时东吴大将。凌濛初：明末文学家，著有《拍案惊奇》。凌子风：当代著名电影导演。

霍 huò

出自姬姓。周武王封弟弟霍叔与管叔、蔡叔同称“三监”，监视商后人武庚。而三监却同武庚勾结起来叛乱，失败后，霍叔被废为庶人，后霍国被晋所灭，后代以国名为姓。

【霍姓名人】

霍去病：西汉名将，两次大败匈奴。霍光：霍去病的母弟，西汉重臣。霍元甲：清末著名武术家。

虞 yú

出自妫姓。远古舜帝有一个称号叫有虞氏，所以舜帝又称虞舜。他的一部分子孙就将虞作为自己的姓称为虞姓。

【虞姓名人】

虞姬：项羽宠妃。虞世南：唐代书法家。虞集：元代学者。虞洽卿：近代著名民族资本家。

万 wàn

出自姬姓。春秋时，晋国有大夫毕万，他的子孙以祖父的字为姓，称万姓。南北朝时鲜卑族中也有改姓万的。

【万姓名人】

万齐：宋代画家。万全：明代医学家。万家宝：即曹禺，现代剧作家，代表作《雷雨》。

支 zhī

汉宣帝时，南匈奴呼韩邪单于与汉和亲，派遣王子到长安，这支王族在中原定居下来，称为支。另说尧舜的时代有支父，是支姓的祖先。

【支姓名人】

支遁：东晋佛经翻译家。支秉彝：现代自动化仪表和汉字信息处理专家。

柯 kē

出自姬姓。据《广韵》记载：春秋时吴国的公子柯卢的后代以柯为姓，从而形成柯姓。

【柯姓名人】

柯梦得：宋代诗人。柯维骐：明代史学家。柯潜：明代文学家。柯铁：清代抗日将领。

昝 zǎn

出自咎姓。商朝时，有宰相咎单。据《魏书·官氏志》记载：由于咎在古代读作高，有不吉利的含义，所以后代在咎字上加一笔，以昝为姓氏。

【昝姓名人】

昝坚：东晋将领。昝殷：唐代医学家，撰有《产宝》一书，是我国现存最早的一部妇产科专著。

管 guǎn

出自姬姓。据《广韵》记载：武王灭商后建立周朝，封三弟叔鲜于管，称管叔鲜；后来管叔与蔡叔发动叛乱，被周公旦所杀，后代以国号为姓。另外，春秋时管仲的子孙也开始姓管。

【管姓名人】

管仲：春秋初期政治家。管宁：三国时魏国学者。管道升（赵孟頫之妻）：元代女画家。管同：清代散文家。

卢 lú

出自姜姓。据《元和姓纂》记载：齐文公的孙子溪因为有功被封于卢（今山东长清县西南），他的子孙便以地名为姓。北魏时也有他族改姓卢的。

【卢姓名人】

卢照邻：唐代诗人，“初唐四杰”之一。卢纶：唐代诗人。卢镗：明代抗倭将领。卢嘉锡：当代科学家。

莫 mò

出自颛顼高阳氏。春秋时，楚国有一个官职叫莫敖，一些长期担任莫敖的人便被称为莫敖氏。后来简称莫氏，成为莫姓。又据《魏书·官氏志》记载：北魏时有邢莫氏，莫那娄氏定居中原，改姓为莫。

【莫姓名人】

莫含：北魏名士。莫云卿：明代书画家。莫友芝：清代书法家。

经 jīng

出自京氏。春秋时期郑武公的小儿子共叔段被封于京，人称京叔段。子孙便以地为姓氏。他的后代后来为了避仇，于是将京姓改为经姓。

【经姓名人】

经文岱：清代武将。经元善：清代廉吏。

房 fáng

出于祁姓。据《元和姓纂》记载：尧觉得舜比儿子丹朱有才能，把帝位让给了舜。舜即位后封丹朱于房陵(今河北清河县)，其子孙就以房为姓。

【房姓名人】

房风：西汉学者。房玄龄：唐代宰相。房琯：唐代著名政治家。

裘 qiú

春秋时卫国大夫受封于裘地(今河北沧县)，其子孙遂以裘为姓。另据《广韵》记载：周朝裘官(管理皮革)的后代，以祖先的官名为姓氏。还有说是他仇姓所改。

【裘姓名人】

裘万顷：宋代诗人。裘日修：清代大学者。裘盛戎：现代著名京剧表演艺术家。

缪 miào

出自嬴姓。秦穆公的后代。古时缪、穆音同，秦穆公又称秦缪公，故其一部分子孙以缪为姓。

【缪姓名人】

缪袭：三国时魏大臣，文学家。缪希雍：明代医药学者，著有《本草经疏》《本草诸方》等书。缪嘉惠：清代女画家。

干 gān

出自子姓。周朝有一个叫邗的诸侯国，春秋时被灭，邗国人便以国号为姓，后来去掉部首，改姓干。宋国有一位大夫名叫干犨（chōu），其子孙以先祖的字为姓。

【干姓名人】

干将：春秋时吴国铸剑师。干宝：晋代文学家，著有《搜神记》一书。

解 xiè

周成王的弟弟唐叔虞的儿子的封地在解地（今山西解县），他的后代便以封地名作为姓。另外，春秋时期周王朝的京畿分为大解和小解。居住在这两个地方的人后来也以解为姓。

【解姓名人】

解狐：春秋名士。解缙：明代学者。

应 yīng

出自姬姓。周武王第四个儿子的封地在应（今河南鲁山东一带），其子孙便以国名为姓。

【应姓名人】

应劭：东汉著名学者，著有《风俗通》。应玚：三国时期文学家，“建安七子”之一。

宗 zōng

周朝有宗伯，掌管国家祭祀典礼之官名，是六卿之首，宗伯的后代便以祖先的官职为姓。

【宗姓名人】

宗悫：南朝宋名臣。宗泽：宋代抗金名将。宗臣：明代文学家。

丁 dīng

出自姜姓。齐太公的儿子是周成王的重臣，他死后被封为齐丁公，他的后代便以他的谥号为姓。另说殷商的诸侯国中有丁侯，武王伐纣时被消灭，其部落子孙便以丁为姓。又说历史上西域人定居中原后，也有改姓丁的。

【丁姓名人】

丁恭：东汉经学家。丁宝桢：清代名臣。丁汝昌：清末海军将领。丁肇中：当代著名美籍华裔科学家，诺贝尔物理学奖获得者。

宣 xuān

出自姬姓。周王姬静死后，封谥号为宣，称为周宣王，他的后代便以他的谥号为姓。另有说出自子姓，为商王室的后代。

【宣姓名人】

宣秉：东汉初大臣。宣明：宋代名士。宣亨：宋代著名画家。

贲 bēn

出自苗姓。春秋时鲁国有大将贲父，其后人以贲为姓。另据《风俗通》记载：出自嬴姓，秦非子的后代。

【贲姓名人】

贲赫：西汉大臣。贲丽：西汉人，成帝时为郎官，善天文星历。

邓 dèng

出自子姓。殷王武丁把叔父曼季封在邓(今河南南阳)，建立邓国，后被楚灭亡，子孙以故国号为姓氏。另据《邓氏族谱序》记载：南唐灭亡后，后主李煜的后代出逃，改姓邓氏。

【邓姓名人】

邓通：汉文帝宠臣，铸造的钱通行全国，称为“邓氏钱”。邓禹：东汉开国功臣。邓芝：三国时蜀国名将。邓艾：三国时魏国名将。邓世昌：清末海军将领。邓拓：当代杂文家。

郁 yù

春秋时，鲁国有一位宰相叫郁贡，其后世子孙以其名为姓。又说古代郁国为春秋时吴大夫的封地，其后人便以地名为姓。另外，历史上西域有郁立国，其国人以郁为姓。

【郁姓名人】

郁继善：宋代名医。郁文名：清代画家。郁植：清代诗人。郁达夫：现代著名作家。

单 shàn

出自姬姓。周成王封小儿子臻于单邑(今河南济源西南)，他的子孙便以封地名为姓。

【单姓名人】

单超：东汉名将。单雄信：隋唐之间的名将。单锷：宋代学者、水利专家。单俊良：明代农业专家。

杭 háng

出自姒姓。大禹治水后，留下许多船只，禹让他的儿子管理这些剩余的航船，封国在余航，后人改航为杭，以杭为姓。

【杭姓名人】

杭徐：汉代长沙太守。航和卿：元代名士。杭世骏：清代藏书家。

洪 hóng

据《元和姓纂》记载：神农氏之后共工的后代。共工氏为远古著名的治水部落，本姓共，后来改为洪。又据《通志·氏族略》记载：卫国大夫弘演的后代，唐高宗时为了避孝敬皇帝李弘的字讳，改洪氏。

【洪姓名人】

洪皓：南宋名臣、文学家。洪孝先：明代的诗画家。洪秀全：清末太平天国领袖，与清政府抗衡了十四年。洪昇：清代著名戏曲家。

包 bāo

据《元和姓纂》记载：春秋时楚国大夫申包胥在吴军攻楚时去秦求援，申包胥“哭秦庭七日，救昭王返楚”。他的行为感动了秦哀公，出兵救楚，楚复国后重奖申包胥，但他躲进山里，隐居不出。他的后代以先祖的字为姓氏。

【包姓名人】

包融：唐代诗人。包恢：宋代的理学家。包拯：宋代的名臣，他为官清正廉洁，铁面无私，世称“包青天”。包世臣：清代书法家、经济学家。

诸 zhū

出自姬姓。为越王的后代。越王的后裔无诸建立闽越国，无诸的子孙就以祖先的字为姓氏。另外，鲁国有诸邑（今山东诸城西南），在诸邑任民职受俸禄的大夫的子孙以诸为姓。

【诸姓名人】

诸观、诸寿贤：明代进士。诸九鼎：清代学者。

左 zuǒ

出自熊氏。周朝史官有左右之分。左史记言，右史纪事。楚王鬻熊的后代倚相为楚威王时的左史（史官），子孙因此以祖先的官名为姓氏。另外，春秋时齐国君主的儿子有左公子和右公子之分，左公子的后代便以左字为姓，形成左氏。

【左姓名人】

左丘明：春秋时鲁国人，为春秋作传，成《左传》，又作《国语》。左思：晋代的文学家。左光斗：明代的名臣。左宗棠：清代名臣，曾平定新疆叛乱。

石 shí

出自姬姓。春秋时石碏是石姓的始祖，是卫国的贤臣，他的孙子以先祖的字为姓氏。另外，少数民族中的乌石兰氏也改姓石。

【石姓名人】

石碏：春秋时卫国大夫。石申：战国时的天文学家，他测定了八百多颗恒星。石延年：宋代名士、文学家。石守信：宋代的名将。石君宝：元代戏曲家。石达开：清末太平天国的将领。

崔 cuī

出自姜姓。西周时，齐丁公的儿子季子把王位让给叔乙，叔乙把崔邑(今山东章丘西北)赐给季子，季子的子孙以地名为姓。

【崔姓名人】

崔杼：春秋时齐国大夫。崔瑗：东汉文学家、书法家。崔浩：北魏军事谋略家。崔护：唐代诗人。崔白：宋代画家。崔子忠：明代画家。崔述：清代学者。

吉 jí

为周朝大夫尹吉甫的后代，以先祖的字为姓氏。又说黄帝的孙子在南燕，赐姓白吉，后改为吉。

【吉姓名人】

吉茂：魏晋时著名的藏书家。吉中孚：唐代诗人。吉鸿昌：现代著名抗日将领、民族英雄。

钮 niǔ

据《通志·氏族略》记载："东晋有钮涛，隋有钮回。"一般认为东晋的钮涛是钮姓的祖先。满清八旗中有改汉姓为钮的。

【钮姓名人】

钮秀：清代笔记小说家。钮贞：清代画家、音乐家。钮树玉：清代文学家。

龚 gōng

出自共工氏。共工氏是黄帝时治理水土的大臣，他的儿子句龙继承父业。共龙两字合起来就是龚。

【龚姓名人】

龚遂：西汉名臣。龚开：宋代画家。龚之伊：明代史学家。龚自珍：清代思想家、文学家。

程 chéng

出自高阳氏。颛顼的孙子重黎的后代被封于程(今河南洛阳东部地区)，建立程国，子孙后代以国名为姓，称程姓。

【程姓名人】

程婴：春秋著名义士。程邈：秦末书法家，发明了隶书。程不识：西汉名臣。程咬金：唐代的卢国公。程颢、程颐：北宋哲学家、教育家，在中国思想史上与朱熹并称"程朱学派"。程大位：明代数学家。

嵇 jī

禹有一支子孙封在会稽主持禹庙的祭祀，称会稽氏，西汉初年，会稽氏被迁往谯郡嵇山（今安徽亳（bó）州一带），于是改为嵇氏。夏代中期，少康把他的儿子季杼封在会嵇，以嵇为姓。

【嵇姓名人】

嵇康：西晋著名文学家、音乐家，“竹林七贤”之一。嵇宗孟：清代学者。

邢 xíng

出自姬姓。周公旦第四个儿子的封地在邢（今河北邢台），他建立了邢国，他的子孙便以国号为姓。另说晋国的大夫韩宣子的后代封在邢，后来便以邢为姓氏。

【邢姓名人】

邢邵：北朝思想家。邢文伟：唐代宰相。邢云路：明代天文学家。邢侗：明代书法家。邢澍：清代史学家。

滑 huá

出自姬姓，周王室的后代建立有滑国（今河南睢县西北，滑县一带），春秋时被秦穆公灭亡，子孙以故国号为姓氏。

【滑姓名人】

滑寿：明代初年著名中医学家。

裴 péi

出自嬴姓。伯益的后代非子的一部分子孙被封到裴乡（今山西夏县北)，他的后世子孙便以封邑名为姓，称裴姓。

【裴姓名人】

裴楷：西晋名臣，是一位博览群书的美男子，人称“玉人”。裴秀：西晋著名地图学家。裴松之：南朝宋史学家。裴迪：唐代诗人。裴行俭：唐代书法家。

陆 lù

出自颛顼后代的陆终氏。相传古帝颛顼的曾孙名终，受封于陆乡(今山东平原县一带)，人称陆终，他的子孙便以陆为姓。另说出自姜姓，齐宣王把他的小儿子季逵封在陆，都是以地名而得姓。

【陆姓名人】

陆宽：西汉思想家、文学家。陆逊：三国时东吴军事家。陆机：西晋著名文学家、书法家。陆羽：唐代茶圣。陆龟蒙：唐代诗人。陆贽：唐代政治家、文学家。陆游：南宋爱国诗人。陆镜若：近代艺术家。

荣 róng

黄帝时有个音乐家荣援，铸造了十二个铜钟，为黄帝演奏咸池之乐，被封在荣(今河南巩县西部)，后代以荣为姓氏。周成王有个卿士受封于荣邑，称为荣伯，他的子孙便以邑名为姓。

【荣姓名人】

荣旗：孔子弟子，七十二贤人之一。荣广：汉代经学家。荣林：清代画家、书法家。荣禄：清代军机大臣。

翁 wēng

出自姬姓。据《元和姓纂》记载：周昭王的庶子采食于翁山(今浙江杭县)，他的子孙后来就以邑地名为姓，形成翁姓。

【翁姓名人】

翁伯：西汉富豪。翁卷：宋代诗人。翁梦得：宋代著作家。翁方纲：清代书法家、金石学家。翁同龢：清代光绪帝的“师傅”，著名书法家、画家、诗人。

荀 xún

据《姓氏考略》记载：周文王第十七个儿子的封地在郇(今山西临猗)，被称为郇伯。郇国被灭后，郇伯的后人以国名“郇”为姓，后改“郇”为“荀”，这便有了荀姓。

【荀姓名人】

荀子：即荀况，战国时思想家、教育家，提出“人定胜天”的思想。荀悦：东汉史学家、文学家。荀攸：三国时期魏国尚书。荀廷诏：明代学者，著《蜀国春秋》。

羊 yáng

出自祁姓。晋国大夫祁盈的后代封在羊舌(今山西洪洞一带)，人称羊舌大夫，子孙称为羊舌氏。后去舌改为羊姓。

【羊姓名人】

羊子：秦代哲学家。羊祜：西晋著名军事谋略家和文学家。羊欣：南朝书法家。羊祉：北魏军事家。

於 yū

黄帝时有臣子名於则，发明了用麻编织鞋子——履，结束了古人光脚的历史，因此被封于於（今河南内乡），他的子孙以於为姓。另说黄帝的一个孙子被封在於，其后代遂以封地为姓氏。

【於姓名人】

於单：汉代名臣，被封为涉安侯。於清言：宋代画家。於竹屋：明代画家。

惠 huì

出自姬姓。周惠王的后世子孙，以祖上的谥号“惠”字为姓。另外，清朝年间，亦有满洲旗人改姓惠。

【惠姓名人】

惠施：战国著名哲学家，学问渊博，庄子曾称赞他“学富五车”。惠理：晋代高僧。惠直：宋代太常博士。惠士奇：清代经学家、教育家。

甄 zhēn

据《陈留风俗传》记载：舜在东夷教人制陶，他的子孙有的留在甄城（今河南登封县西南）做甄官，其后代便以这一官名为姓，称甄姓。

【甄姓名人】

甄鸾：北朝著名数学家。甄立言：唐代名医。甄慧：宋代画家。甄龙友：宋代诗人。

麴 qū

周朝设有麴氏一官，担任酿酒之职。他们的子孙便以官职为姓氏。

【麴姓名人】

麴义、麴演：汉代名士。麴崇：晋代史学家。麴文泰：唐初高昌王。

家 jiā

出自姬姓。周孝王之子家父的后代以祖先的字为姓氏。

【家姓名人】

家安国、家定国、家勤国：宋代学者、诗人，三兄弟与苏轼是同门好友，互有诗赠。家颐：宋代文学家。家铉翁：南宋学者。

封 fēng

出自姜姓。炎帝的后代钜夏朝时被封于封父（今河南封丘县西），他的子孙便以封地名为姓。

【封姓名人】

封子绘：南北朝时齐的宰相。封德彝：唐代宰相。封演：唐代史学家和藏书家。封锡禄：清代著名竹刻家。

芮 ruì

出自姬姓。据《通志·氏族略》记载：西周初，周武王封姬姓司徒于芮（今陕西大荔县），建立芮国，称芮伯，其后人遂以芮为姓。

【芮姓名人】

芮玄：三国时吴国大臣。芮煜：宋代经学家、诗人。芮城：清代学者、经学家。

羿 yì

据《元和姓纂》记载：出自远古的东方部落有穷氏，是传说中射日英雄后羿的后代。有穷氏曾一度攻入夏朝的都城，赶走夏朝的天子。

【羿姓名人】

弈忠：明代著名清官。

储 chǔ

上古有储国，其后代以国为姓。另据《风俗通》记载：齐国大夫储子的后代，以祖先的字为姓氏。

【储姓名人】

储光羲：唐代著名诗人。储欣：清代学者。储安平：现代著名新闻工作者。

靳 jìn

出自芈姓。战国时，楚国的上官大夫靳尚，他的封地在靳江（今山西离石县），他的子孙以封地为姓。

【靳姓名人】

靳智翼：唐代画家。靳东发：宋代画家。靳德进：元代术士，精通星历学。靳辅：清代水利专家。

汲 jí

出自姬姓。卫宣公时太子的儿子伋封在汲(今河南濮阳县)，后代以地名为姓氏。另外，齐宣公的儿子封于汲，其子 孙以封地为姓。

【汲姓名人】

汲黯：汉武帝时名臣，推崇黄老学说。

丙 bǐng

丙又写作邴。据《通志·氏族略》记载：晋国大夫邴豫的后代，子孙因祖先被封在邴(今山东费县东)，遂以邴为姓。

【丙姓名人】

丙吉：汉宣帝时宰相。邴郁：晋代文人。邴粲：唐代将军。

糜 mí

周武王时有一小国靡糜，据说是夏王室的后代，其子孙以祖先的字为姓氏，

【糜姓名人】

糜竺：三国时刘备的谋士。糜信：三国时魏国学者。

松 sōng

松姓出自秦朝，以事件为姓。据说秦始皇登泰山在松树下避雨，封松树为五大夫，于是有人姓松。

【松姓名人】

松赞：隋代名士。松筠：清代大学士。松涛：清代闽浙总督。

井 jǐng

出自姜姓。姜太公的后代在虞国为大夫，封地在井（今山西平陆县东北），称井伯，他的后代便以封地为姓氏。秦穆公赏识并且重用的百里奚，就是井姓的后代，他的儿子中有以井为姓的。

【井姓名人】

井丹：东汉学者。井田、井源：明代贤士。

段 duàn

出自姬姓。春秋时期郑武公的儿子共叔段的后代以段为姓，形成段姓。另说老子的孙子李宗在晋国为官，封地在段，后代也以段为姓。

【段姓名人】

段文昌：唐穆宗时宰相。段成式：唐代文学家。段玉裁：清代著名语言文字学家，著有《说文解字注》，是研究文字训诂学的重要著作。段德昌：红军著名将领。

富 fù

出自姬姓。周襄王时大夫富父的后代以祖先的字为姓。

【富姓名人】

富嘉谟：唐代散文学。富弼：北宋名臣。富恕：元代诗人。

巫 wū

古人相信天地万物都有神灵，而且可以通过精神感召使神灵降临，于是便有了专以舞蹈来感召神灵的职业——巫（巫字古文像人挥两袖而舞）。相传黄帝有臣子巫彭，擅长医术，其后代就以巫为姓。

【巫姓名人】

巫咸、巫贤：商代宰相。巫马施：孔子弟子，七十二贤人之一。巫都：汉代术士，著有《养生精》一书。巫凯：明代名将。巫子秀、巫子肖：明代名士。

乌 wū

出自姬姓。据《唐书·宰相世系表》记载：少昊以百鸟的名字作为官名，其中有乌鸟氏，乌鸟氏的后代以乌为姓。

【乌姓名人】

乌获：战国时有名的大力士。乌存：春秋时莒国大夫。乌本良：明代学者。乌斯道：明代书法家。

焦 jiāo

出自姬姓。据《通志·氏族略》记载：周武王灭了商朝后，封神农氏的后代到焦地（今陕西焦城），建立焦国，焦国国君的子孙便以地名为姓。

【焦姓名人】

焦延寿：西汉经学家。焦宝愿：南朝画家。焦竑：明代著名藏书家、学者。焦循：清代数学家、哲学家、戏剧理论家。

巴 bā

周代有巴国。伏羲的后代于春秋时期在四川的巴水上游一带建立巴国，他的子孙以巴为姓。另据《路史》记载：汉朝时期，山东渤海一带也出现巴氏，相传亦为伏羲后代。清朝亦有族人改姓为巴，现在我国巴姓人中，有许多是满族后裔。

【巴姓名人】

巴肃：东汉名臣。巴慰祖：清代书画家。巴珲岱：清朝将领。

弓 gōng

以官为姓。黄帝有个儿子叫得，因制造弧弓被封于张，他的后代就以弓为姓。另说春秋时鲁国大夫叔弓的后代，子孙以祖先的字为姓氏。

【弓姓名人】

弓林：西汉大臣，拥立西汉末代君主孺子婴。弓蚝：前秦武将，号“万人敌”，据史料记载，弓蚝后改姓为张。

牧 mù

据《风俗通》记载：黄帝的大臣有力牧，力牧的后代以祖先的字为姓。另说春秋时期，卫国的大夫康叔被封于牧（今河南汲县北），他的后世子孙便以封地为姓，称为牧姓。

【牧姓名人】

牧犊子：战国时齐国文人。牧皮：孔子弟子，七十二贤人之一。牧相：明朝名臣。

隗 wěi

汤灭夏桀后，建立商朝，封夏朝王族的后代到隗做首领，并让他们建立了大隗国，其国君称大隗，子孙以国名为姓，称隗姓。

【隗姓名人】

隗嚣：东汉初年割据西北的将领。隗林：秦朝丞相。隗禧：三国时魏国学者。

山 shān

据《风俗通》记载：炎帝神农氏出生于烈山（今湖北随县），其子称烈山氏，子孙中就有以山为姓的。又据《名贤氏族言行类稿》记载：周代有掌管山林的官职，其后代有的便以官职名为姓，形成山姓。

【山姓名人】

山涛：晋代文学家，“竹林七贤”之一。山青、山亡父子：明初将军。

谷 gǔ

周朝封伯益的后代非子在秦谷（今甘肃天水市），他们以地为姓氏。战国时期齐国的公子尾孙被封于夹谷，建立谷国（今湖北谷城）。他的后代于是以国名为姓，称为谷姓。

【谷姓名人】

谷利：三国时吴国大将。谷永：西汉术士，精通易学。谷那律：唐代学问家。谷应泰：清代学者、经学家、史学家。

车 chē

黄帝时有大臣名叫车区，他的后代便以祖先的名字为姓，世代相传姓车。另有传春秋时秦国公族有车仲行，其后人便以车为姓。又据《魏书·官氏志》记载：少数民族车焜 氏和车非氏也有改姓车的。

【车姓名人】

车胤：晋代名臣，有“囊萤照读”故事传世。车惠畴：隋代著名画家。车似庆：宋代著名理学家。车鼎晋：清代著名学者，诗人。车万育：清代文人，编撰了供学童用的《声律启蒙》一书。

侯 hóu

出自姒姓。西周时，夏禹有后代被封于侯，其子孙以地名为姓，称为侯姓。又据《唐书·宰相世系表》记载：春秋时晋国袁侯和闵侯受迫害而逃出晋国，其子孙以祖先的封号为姓氏。南北朝时鲜卑族中改姓侯的也很多。

【侯姓名人】

侯嬴：春秋战国时期著名隐士。侯君集：唐代名将。侯蒙：宋代宰相。侯显：明朝外交家，曾多次随着郑和下西洋。侯方域：明末清初“四公子”之一，他组织“复社”，颇有影响。侯宝林：当代曲艺大师。

宓 mì(古读 fú)

太昊伏羲氏的后代。据《颜氏家训》记载：古时伏羲氏又称宓(fú)羲氏，由于读音相同，其后代便以祖先“宓”字为姓氏，今读作 mì。

【宓姓名人】

宓不齐：孔子的学生，被孔子誉为君子。

蓬 péng

出自姬姓。周成王封支系子孙于蓬州，后代以地名为姓氏。

【蓬姓名人】

蓬球：汉代学者。

全 quán

来自泉姓。周朝管理钱财的官叫泉官，泉官的后代以祖先官名为姓氏，古时“全”“泉”同音通用，后来泉姓的一支改姓全。另外，清爱新觉罗氏郑亲王的后人也有改姓全的。

【全姓名人】

全琮：三国时吴国名臣。全元起：元代医学家。全祖望：清代文学家、史学家。

郗 xī（古读 chì）

出自姬姓。黄帝的后裔，黄帝之子玄嚣的后代有叫苏忿生的，苏忿生支庶子受封于郗（今河南泌阳县），其后人遂以封邑名为姓，称为郗姓。另说伏羲的后代在周武王时受封于郗，其后人就以封邑名为姓，称为郗姓。

【郗姓名人】

郗虑：东汉御史大夫。郗鉴：东晋名臣，书圣王羲之的岳父。郗士美：唐代工、刑部尚书。

班 bān

春秋时期楚王若敖幼年由斑斓老虎哺乳，因虎身满布斑纹，所以姓班，后代以班为姓作为纪念。

【班姓名人】

班彪：班固、班超的父亲，东汉史学家。班固：东汉史学家、文学家，著有《汉书》。班超：东汉外交家、军事家。

仰 yǎng

出自嬴姓。秦惠文王之子印的后代；印在古时与仰通用。据《姓氏考略》记载：虞舜的一个乐师仰延的后代。他将八根弦的瑟改为二十五根弦。其后世子孙以仰为姓。

【仰姓名人】

仰忻：宋代孝子。

秋 qiū

出自姬姓。鲁国大夫有仲孙湫，他的后代改湫为秋作为姓氏。另据《路云》记载：秋姓是少昊氏的一支后代。

【秋姓名人】

秋瑾：清末杰出女革命家，别号“鉴湖女侠”。

仲 zhòng

出自姬姓，春秋时鲁国公子庞公，字公仲，因乱鲁而遭谴责。庞公死后，其子孙有因避仇的，以其字为姓，称仲氏。另说出自高辛氏。高辛氏有后代仲能，其子孙便以仲为姓。

【仲姓名人】

仲由：孔子弟子。仲长统：东汉末年政论家。仲简：宋代天章阁待制。

伊 yī

出自陶唐氏。古帝唐尧生于伊祁山，他的后代便以伊为姓。

【伊姓名人】

伊尹、伊挚：商朝名相。伊伯奇：西周著名孝子。伊秉绶：清代书画家。伊龄阿：清代书画家。

宫 gōng

出自姬姓。周朝时期有专门掌管宫门的官职，他们的后代以官职名为姓，形成宫姓。另外，鲁国孟僖子的后代封地在南宫，虞国仲氏的后代封地在上宫。

【宫姓名人】

宫之奇：春秋时虞国大夫。宫崇：东汉道术家。宫天挺：元代戏曲家。宫鸿历：清代诗人。

宁 níng

出自姬姓。周朝时，卫成公将其儿子季亹封于宁邑，他的子孙便以封地名为姓，世代姓宁。另说，秦襄公曾孙的谥号宁，而后有宁氏。

【宁姓名人】

宁喜：春秋时卫国大夫。宁涛：宋代画家。宁完我：清初大臣。

仇 qiú

据《通志·氏族略》记载：商朝末年，朝中有三公，其中一个叫

"九侯"，商纣王杀了九侯后，其子孙为了避祸，改九为仇，以仇为姓。另外，春秋时宋国有大夫仇牧，他的后代也以其名字中的仇为姓。

【仇姓名人】

仇牧：春秋时宋国大夫。仇览：东汉学者。仇英：明代画家，"明四大画家"之一。

栾 luán

出自姬姓。据《元和姓纂》记载：西周时，唐叔虞的后代宾的封地在栾(今山西离石县)，家族衰落后，栾宾逃到了楚国，他的子孙以栾为姓。另说春秋时靖侯的孙子宾，封于栾，他的子孙就以地为姓。

【栾姓名人】

栾布：西汉名将，栾布为报彭越救命之恩，在彭越被杀后，冒死为彭越收尸，是历史上有名的义士。

暴 bào

出自姬姓。周朝大夫暴辛公的后代，因封在暴，子孙以封地为姓氏。另外，春秋时暴国并入郑国，其国民以原国名为姓，称暴姓。

【暴姓名人】

暴胜之：汉代大夫。暴显：北齐大将军。

甘 gān

出自姬姓。周武王同族人为诸侯王，其中一个封于甘地，称甘伯，其后代遂以甘为姓。

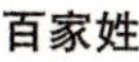

【甘姓名人】

甘茂：战国时秦的宰相。甘罗：战国时期秦国神童，十二岁便事奉吕不韦，拜为上卿。甘英：东汉外交家。甘宁：三国时吴国名将。甘泳：宋代诗人。

钭 tǒu

出自姜姓。春秋末年，田和篡齐自立，齐国君康公被流放海上，住洞穴，食野菜，以钭(一种酒具)为锅。康公的后代中有的即以钭为姓。

【钭姓名人】

钭滔：宋代处州刺史。

厉 lì

出自姜姓。据《风俗通》记载：西周时，齐国君主姜无忌去世，谥号“厉”，称齐厉公，其子孙以祖先的谥号为姓，形成厉姓。

【厉姓名人】

厉玄：唐代诗人。厉鹗：清代学者、著名诗人。

戎 róng

据《姓氏考略》记载：周朝时有戎国，其后代子孙以国名为姓。另说先秦允姓的山戎国的子孙，也改姓戎。

【戎姓名人】

戎律：春秋名士。戎昱：唐代诗人。

祖 zǔ

出自子姓。据《姓谱》记载：殷朝的祖甲、祖乙、祖己、祖丁的百姓都以祖为姓。另说出自任姓，为黄帝的后代。黄帝的后代中有奚仲，在夏代做官，他的后代，又有姓祖的。

【祖姓名人】

祖逖：东晋名将。祖冲之：南朝数学家、天文学家，他推出的圆周率的值比欧洲早一千多年。

武 wǔ

出自子姓和姬姓的都有。据《元和姓纂》记载：宋武公的后代以祖先的谥号为姓氏。另外，周平王的小儿子出生时，手上的掌纹像“武”字，所以被赐姓武，他的子孙遂以武为姓。

【武姓名人】

武元衡：唐代宰相。武则天：唐代女皇帝。武宗元：宋代画家。武汉臣：元代戏曲家。武训：清末名人，以行乞举义学。

符 fú

出自姬姓。符是古时候朝廷调兵遣将的凭证。据《广韵》记载：鲁倾公的孙子担任秦国执掌符印的官，他的子孙便以官名为姓，相传姓符。

【符姓名人】

符融：汉代著名学者。符戴：唐代诗人。符颜卿：宋代名臣，被封为魏王。符叙：宋代理学家。符曾：清代诗人。

刘 liú

出自祁姓。帝尧的后人刘累被封于刘地，其后人遂以刘为姓。另外，春秋时，周匡王儿子封于刘邑，子孙以国名为姓。

【刘姓名人】

刘邦：西汉开国皇帝。刘彻：汉武帝。刘秀：东汉开国皇帝。刘安：西汉学问家，著有《淮南子》一书。刘备：三国时蜀国国君。刘伶："竹林七贤"之一。刘义庆：南朝文学家，著有《世说新语》一书。刘勰：梁代文学理论家，著有《文心雕龙》一书。刘禹锡：唐代文学家。刘伯温：明初著名军师。刘墉：清代名臣、书法家。刘鹗：清代小说家，代表作《老残游记》。刘半农：现代诗人。

景 jǐng

出自芈姓。据《姓氏考略》记载：春秋时，齐景公的后代以他的谥号为姓，形成景姓。另说，楚国王族的三个大姓（昭、屈、景）之一。

【景姓名人】

景差：楚国著名文学家。景丹：汉光武帝中兴时期名臣。景清：明代御史大夫。景廷宾：清末农民起义领袖。景星杓：清代书法家。

詹 zhān

周宣王把他的一个儿子封在詹，后代因封地得姓。另说虞把黄帝的后代封到詹国，他们的子孙便以国号为姓。

【詹姓名人】

詹体仁：宋代学者。詹天佑：近代铁路工程师，他主持修建了我国自建的第一条铁路——京张铁路。

束 shù

出自姚姓。汉代有疏广、疏受叔侄二人，其中疏广的后代为了避难，改姓束。

【束姓名人】

束皙：晋代文学家。束宗庚：元代画家。

龙 lóng

出自豢龙氏。据《通志·氏族略》及《名贤氏族言行类稿》所载，相传董父以畜养龙而被舜赐姓豢龙氏。他的后代有的以龙为姓，便形成龙姓。

【龙姓名人】

龙且：秦末项羽的部将。龙章：宋代画家。龙仁夫：元代学者。龙文光：明代大臣。龙启瑞：清代经学家。龙潜：当代博物馆学者。

叶 yè

出自芈姓。春秋时楚庄王封沈尹戌的儿子沈诸梁为叶邑尹，世称叶公，其子孙遂以叶为姓。

【叶姓名人】

叶梦得：南宋文学家。叶绍翁：南宋诗人，“满园春色关不住，一枝红杏出墙来。”就是他的诗句。叶向高：明代宰相。叶宪祖、叶小纨：明代戏曲家。叶燮：清代文学家。叶剑英：共和国元帅。

幸 xìng

据《通志·氏族略》记载：因为先秦时期有个大臣很受宠幸，他的后代就以幸为姓。起源于南昌、雁门，见清人张澍《姓氏五书》。

【幸姓名人】

幸南谷：唐代国子祭酒，文学家。幸寅逊：宋代镇国行军司马。

司 sī

据《姓氏考略》记载：神农氏时有司巫，掌卜事，其后代以官名为姓氏。又据《左传》记载：郑国司臣的后代以祖先的字作为姓。

【司姓名人】

司良输：元代学者、理学家。司轲：明代名医。司九经：清代总兵。

韶 sháo

据《姓氏考略》记载：舜帝时掌管乐器的官叫韶官，子孙以官名为姓氏。又说以地名命姓。古时有地名叫韶州，其地在今广东、曲江、东昌、仁化、乳源、翁源、英德六县，在韶州居住的人遂以地名为姓，称韶姓。

【韶姓名人】

韶石：晋代名人。韶护：明朝官员，后升为按察佥事。

郜 gào

出自姬姓。据《通志·氏族略》记载：周文王的一个儿子的封地在郜邑(今陕西长安县)，建立了郜国，他的子孙以国号为姓。

【郜姓名人】

郜知章：元代诗人。郜琏：清代画家。

黎 lí

出自高阳氏。颛顼的后代封在黎阳(今陕西长安县东)，子孙以封地为姓氏。另说商代有诸侯黎国，商末被周文王所灭，黎国人就以国名为姓。

【黎姓名人】

黎贞：明代诗人。黎民表：明代学者、书画家。黎简：清代书画家。黎锦熙：现代语言学家。黎锦晖：现代音乐家。

蓟 jì

出自有熊氏。据《姓氏考略》记载：黄帝的后代在周初被封在蓟(今北京市)，子孙以地为姓氏。

【蓟姓名人】

蓟子：先秦齐国人，《神仙传》介绍他是位有神异功能之人。

薄 bó

炎帝的后代被封于薄(今山东曹县)，建立薄国，其后代便以国名薄为姓。另据《左传》记载：春秋时宋国大夫有受封于薄的，后世子孙以封邑名为姓。

【薄姓名人】

薄绍之：南朝宋著名书法家。薄钰：明代兵器家。

印 yìn

出自姬姓。据《姓氏考略》记载：周武王封同姓族人于郑，建立郑国，为公爵。至郑穆公有儿子晖，字子印，其子孙在郑国为卿大夫，以祖字为姓，为印氏。

【印姓名人】

印宗：唐代高僧。印宝：明代黄州府同知。印廷宝：清代画家。

宿 sù

出自风姓。据《姓氏考略》记载：伏羲的后代的封地在宿地（今山东东平一带），并建立了宿国，子孙们便以国号为姓。

【宿姓名人】

宿祥：汉代雁门太守。宿石：北魏吏部尚书。宿进：明代刑部员外郎。

白 bái

据《新唐书·宰相世系表》记载：周太王五世孙虞仲的后人百里奚的儿子叫孟明氏，孟明氏有个儿子叫白乙丙，白乙丙的后人以白为姓，即姓白。另据《通志·氏族略》记载：楚平王的孙子胜受封为白公，他的后代便以白为姓。

【白姓名人】

白起：战国后期秦国名将。白丹：战国时水利专家。白居易：唐代大诗人。白朴：元代戏曲家，“元曲四大家”之一。白崇禧：国民党桂系首脑。

怀 huái

据《姓氏考略》记载：周武王封其弟叔虞于怀（今河南怀县），他的子孙以国号为姓。另据《路史》记载：微子的后代有怀氏，子孙姓怀。

【怀姓名人】

怀叙：三国时吴国尚书郎。怀应聘：清代文学家。

蒲 pú

据《姓氏考略》记载：舜的子孙被封在蒲坂（今山西夏县），于是他的子孙就以蒲为姓。另外，相传上古有扈氏后代为西羌族首领，家里池塘中生有蒲草，长五丈，如竹子形，由此称为蒲家，也就以蒲为姓。

【蒲姓名人】

蒲元性：三国时奇人、术士。蒲思训：五代画家。蒲松龄：清代文学家，代表作《聊斋志异》。

邰 tái

出自姜姓。后稷是尧的农官，他的封地在邰（今河北阳县），并建立了邰国，他的子孙便以国号为姓。

【邰姓名人】

邰茂质：明代著名孝子。邰长浚：清代文人。

从 cóng

据《姓氏考略》记载：周平王把他的小儿子封于枞，后代以地为姓氏。枞后来改为从。

【从姓名人】

从所向：明代万历年间进士。从贞：明代名臣。

鄂 è

出自芈姓。据《通志·氏族略》记载：春秋时期，晋侯光被封于鄂（今湖北鄂城），其子孙遂以鄂为姓。另说楚国诸侯熊红在鄂称王，他的后代也以鄂为姓氏。

【鄂姓名人】

鄂千秋：汉初开国大臣，后封安平侯。鄂尔泰：清代雍正军机大臣。

索 suǒ

出自子姓。据《姓氏考略》记载：西周初，周武王把殷商七族中的索氏迁到鲁定居，其后人皆姓索。

【索姓名人】

索靖：西晋将军、书法家。索綝：索靖的儿子，官至宰相。

咸 xián

出自高阳氏。帝高辛有大臣咸丘黑，其后代以咸为姓。另说是商代名相巫咸的后代，以祖先的字为姓氏。

【咸姓名人】

咸冀：唐朝开元学士，“开元十八学士”之一。咸丘蒙：孟子的学生。

籍 jí

出自伯氏。据《通志·氏族略》记载：晋国大夫荀林父和他的后代世代为晋国管理书籍，子孙便以官名为姓氏。

【籍姓名人】

籍福：汉朝名臣。籍馨芳：明代孝子。

赖 lài

出自姬姓，为周文王姬昌的后代，周武王的弟弟叔颖受封于赖国（今河南许昌一带），其后代遂以赖为姓。又据《风俗通》记载：神农的后裔烈山氏的一支在商代和周代时都建立过赖国，后来被楚灭亡。

【赖姓名人】

赖裴：唐代学者。赖文俊：宋代地理学家。赖文光：太平天国著名将领。赖珍：清代画家。

卓 zhuó

出自芈姓。楚威王有公子卓，子孙遂以祖先的字为姓氏。

【卓姓名人】

卓文君：西汉才女，与才子司马相如结为夫妇。卓茂：东汉名臣。卓迪：明代画家。

蔺 lìn

春秋时，晋献公的后代韩康在赵国做官受封于蔺（今河北定县），他的子孙便以封地名称为姓。

【蔺姓名人】

蔺相如：战国时赵国名臣。蔺子云：南北朝时名将。

屠 tú

出自子姓，商代有鄌国，后代去邑旁以屠为姓氏。又说远古时，黄帝打败了九黎族首领蚩尤，把他的族人分到邹、屠两地，那些人便以地名为姓。

【屠姓名人】

屠隆：明代戏曲家、著名诗人。屠倬：清代文学家。

蒙 méng

出自高阳氏。据《元和姓纂》记载：高阳氏的后代受封于蒙双，他们的后代于是以封地名为姓，便有了蒙姓和双姓。另外，有学者研究认为，蒙姓是由元朝时的复姓蒙古简化而来的。

【蒙姓名人】

蒙恬：秦国名将。蒙归义：唐代南诏王。蒙得恩：太平天国将领。

池 chí

出自嬴姓。战国时，秦国王族中有个叫公子池的，他的后代以他的名字为姓，形成池姓。

【池姓名人】

池子华：战国时秦国丞相。池斌：明代孝子。池显方：明代诗人学者。池生春：清代文人。

乔 qiáo

据《新唐书·宰相世系表》记载：黄帝死后葬在桥山，他的一部分守陵的子孙以桥为姓。后来去掉部首，改姓乔。另外，南北朝时鲜卑人也有姓乔的。

【乔姓名人】

乔行简：南宋大臣。乔吉：元代杂剧家。

阴 yīn

出自陶唐氏。唐尧时有阴国，子孙以国名为姓氏。又说春秋时齐国管仲的后代做过楚国阴大夫，子孙便以阴为姓。

【阴姓名人】

阴丽华：东汉光武帝刘秀的皇后。阴铿：南朝著名文学家。阴承方：清朝学者。

鬱 yù

鬱为古姓，出自鬱林氏，鬱林氏建立鬱国，鬱国被楚灭亡，子孙以故国名为姓。此姓今天与郁姓合并。

【鬱姓名人】

郁达夫：现代著名作家、诗人，“左联五烈士”之一。

胥 xū

据《通志·氏族略》记载：春秋时，晋国的大夫胥臣，他的子孙以他的字为姓。

【胥姓名人】

胥甲：春秋时期晋国大夫。胥文相：明代南京户部郎中。

能 néng

出自熊姓。据《能氏状》记载：楚国熊挚封在夔，据说为了避祸，他的儿子改熊姓为能。

【能姓名人】

能延寿：唐代名士。能一潇：清代康熙年间进士。能图：清代翻译家。

苍 cāng

出自史皇氏，同仓。据《古代姓氏书辨证》记载：为远古苍帝的后代，所以姓苍。黄帝的史官苍颉，高阳氏的"八才子"之一苍舒，都是这一支的后代。

【苍姓名人】

苍颉：一名仓颉，黄帝时史官，发明了汉字。苍舒：高阳氏时"八才子"之一。

双 shuāng

出自高阳氏。高阳氏的后代被封在蒙双，因地得姓。唐朝时有少数民族改称双姓。

【双姓名人】

双泰：南北朝时孝子。

闻 wén

据《风俗通》记载：闻人氏，是春秋时期少正卯的后代。他的后代支庶子孙有的改为闻人姓。而有一部分人则以闻为姓。

【闻姓名人】

闻秀才：宋代画家。闻见：宋代进士。闻渊：明代尚书。闻一多：现代著名学者、诗人。

莘 shēn

出自高辛氏。据《广韵》记载：夏王启封帝挚的后代在莘（今甘肃通渭县一带），子孙以国名为姓氏。

【莘姓名人】

莘融：宋代名人。莘开：清代书画家、篆刻家。

党 dǎng

夏后氏的后代居住在上党，以地为姓氏。另说春秋时期，有晋国公族大夫受封于党，于是他的子孙后代就以党为姓。

【党姓名人】

党进：宋代名将。党怀英：金代文学家、书法家。党崇雅：清代国史院大学士，太保。

翟 zhái

春秋时，活动于齐、鲁、卫、宋等国之间的狄人部落称为翟国，翟国人就以国名为姓。

【翟姓名人】

翟方进：西汉成帝时宰相。翟让：隋末农民起义领袖。翟锁：唐代画家。翟敦仁：宋代收藏家。

谭 tán

出自姒姓。周朝的时候，伯益的后人有部分人的封地在谭，谭国被灭后，谭国的子孙便以国号为姓。另外，谭姓是西南六姓之一，据说是盘古的后代。有的谭姓是谈姓所改，也有谭姓避仇改覃姓的。

【谭姓名人】

谭纶：明朝抗倭将领。谭元春：明代文学家。谭嗣同：近代改良派政治家、思想家。

贡 gòng

出自端木氏。据《姓谱》记载：孔子有一个学生叫端木赐，字子贡，他的子孙以他的字为姓。

【贡姓名人】

贡禹：西汉贤臣。贡祖文：宋代都统将军。贡奎：元代学者。贡师道：元代史学家。

劳 láo

汉代的赐姓。据《姓氏考略》记载：住在东海崂山人在汉朝时归化中原，被赐姓劳。

【劳姓名人】

劳丙：东汉名士。劳彦远：晋朝尚书。劳孝舆：清代文学家。

逄 páng

据《姓氏考略》记载：逄姓出自姜姓，为炎帝的后代。炎帝的孙子逄伯陵建立逄国，周朝初年，周武王灭逄，逄国的子孙便以故国名为姓氏。

【逄姓名人】

逄萌：汉代名士。逄安：汉末反抗王莽统治的代表人物。

姬 jī

出自有熊氏。黄帝生于姬水，遂以姬为姓。高辛氏时，长子后稷继承黄帝的后嗣，被赐姓姬，成为后来周朝的始祖。姬姓是西周时期的望族。

【姬姓名人】

姬昌：周文王。姬发：建立周朝的武王。姬敏：明代西安知府、律学家、数学家。

申 shēn

出自姜姓。据《史记·三皇本纪》记载：神农氏的后代申吕的封地在申建立申国，他的子孙便以国号为姓。另说是商朝伯夷的后代，子姓。

【申姓名人】

申包胥：春秋时楚国贵族。申不害：战国时韩国相国。申相：明代名医。申涵光：清代诗人。

扶 fú

出自巫氏。汉高祖有占卜家巫嘉，善于祈祷、祭祀，被高祖赐姓扶。

【扶姓名人】

扶卿：西汉学者。扶猛：北朝名臣，文武双全。扶克俭：明代万历年间进士。

堵 dǔ

据《姓苑》记载：郑国大夫堵叔师封地在堵，其后代以封地为姓。另外，楚国堵敖的后代也称堵氏。

【堵姓名人】

堵简：元末官吏。堵霞：清代女才子，擅长诗歌、绘画。

冉 rǎn

出自姬姓。周文王的儿子季载很有才华，他被哥哥周武王封于邢（今湖北荆门东南），他的后代去掉“邢”字的偏旁，以冉为姓。

【冉姓名人】

冉求：春秋鲁国人，孔子弟子。冉琎：宋代军事谋略家。冉永光：清代经学家。

宰 zǎi

出自姬姓。据《姓解》记载：周朝大夫宰孔的后代以祖先的字作为姓氏。另说周朝有太宰的官职，后代以祖先的官名为姓氏。

【宰姓名人】

宰予：孔子的学生，曾任齐国大夫。宰直：汉朝名士。

郦 lì

据《姓谱》记载：禹赐郦国（今河南内乡东北）给黄帝的后代做封地，他们的子孙便以国号为姓。

【郦姓名人】

郦炎：东汉诗人，以孝著称。郦道元：北魏地理学家，著有《水经注》。郦光祖：明代学者。

雍 yōng

出自姬姓。据《通志·氏族略》记载：周文王有个儿子被封在雍，他的后代就以雍为姓。

【雍姓名人】

雍齿：汉初开国大臣。雍陶：唐代诗人。雍泰：明代户部尚书。

郤 xì

出自姬姓。据《姓氏辨证》记载：春秋时晋国的大夫晋献子，封在郤，后代以封地作为姓氏。

【郤姓名人】

郤缺：先秦时晋国大夫。郤縠：先秦时晋国将军。郤忠：明代清官。

璩 qú

春秋时卫国大夫蘧瑗的后代。古时蘧、璩两字通用，遂有璩姓。

【璩姓名人】

璩瑗：唐代名人。璩光岳：明代学者。

桑 sāng

据《姓谱》记载：少昊之后有穷桑氏，子孙以桑为姓。另据《姓苑》记载：秦国大夫公孙枝，字子桑，他的子孙以祖先的字为姓氏。

【桑姓名人】

桑弘羊：西汉政治家、思想家。桑乔：明代御史。桑春荣：清代慈禧太后时任刑部尚书，他主持清末奇案“杨乃武与小白菜”的终审，使得冤情大白。

桂 guì

出自姬姓。据《宋文宪集》记载：秦始皇时，季桢为博士，秦始皇焚书坑儒时，不幸遇害，他的弟弟眭为了免祸，命他的后代改姓桂。另说出自炅姓，汉代末年，阳城炅横有四个儿子，其中一个避难到了幽州，改称桂氏。

【桂姓名人】

桂万荣：宋代政治家、法学家。桂彦良：明初大学问家。桂馥：清代文学家、戏曲作家。

濮 pú

据《路史》记载：舜的儿子散，以及周代卫国的一个大夫，都曾封在濮，其子孙都以封地为姓氏。

【濮姓名人】

濮万年：宋代画家。濮英：明初勇将。濮仲谦、濮澄：清代著名雕刻家。

牛 niú

出自子姓。据《姓氏考略》记载：西周宋国的大夫牛父的后代，以祖先的字为姓氏。

【牛姓名人】

牛弘：隋初著名政治家。牛僧儒：唐代名相之一。牛皋：宋代抗金名将。牛金星：明代李自成的谋士。牛涛：清代诗人。

寿 shòu

出自姬姓。据《风俗通》记载：春秋时吴王寿梦的后代，以先王的字为姓氏。

【寿姓名人】

寿良：西晋学者。寿富：清代光绪年间进士。

通 tōng

出自姬姓。据《元和姓纂》记载：巴国有大夫封于通州，其子孙以通为姓。又据《汉书·百官公卿表》记载：有彻侯，为了避汉武帝刘彻的字讳，改姓通。

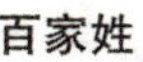

【通姓名人】

通风：明代诗人。通琇：明代高僧。

边 biān

出自子姓。商代王室的后代。据《通志·氏族略》记载：商代有边国，其后为周朝的大夫边伯，是以故国号为姓氏。

【边姓名人】

边韶：东汉著名学者。边鸾：唐代画家，善画花鸟。边知白：南宋名臣。边贡：明代文学家。边寿民：清代著名画家。

扈 hù

出自子姓。据《风俗通》记载：相传夏朝有扈国，其后代以国名为姓，即扈姓。

【扈姓名人】

扈云：汉代大将。扈蒙：五代著名学者、史学家，曾修《五代史》。扈再兴：宋代抗金名将。

燕 yān

出自姬姓。西周初，周武王封召公于燕国，其后世子孙遂以燕为姓。

【燕姓名人】

燕仓：汉代名医。燕肃：北宋博物学家、机械制造专家。燕文贵：宋代著名画家，画作被人称“燕家景致”。

冀 jì

据《路史》记载：周武王把冀（今河北沧县）封给了尧帝的后代，冀国灭亡后，冀国的子孙便以国号为姓。

【冀姓名人】

冀俊：北周书法家。冀元亨：明代理学家。冀如锡：清代工部尚书。冀朝鼎：现代政治家。

郏 jiá

出自姬姓。据《元和姓纂》记载：周成王时为了纪念周朝初年定鼎于郏（今湖南常德）这件大事，以定鼎的地名作为姓氏。

【郏姓名人】

郏亶、郏侨父子：北宋水利学家。郏抡逵：清代画家。

浦 pǔ

出自姜姓。春秋时期姜太公的后人去了晋国，被封于浦，其后人于是以浦为姓。

【浦姓名人】

浦南金：明代学者。浦源：明代诗人、画家，“十才子”之一。浦起龙：清代学者。

尚 shàng

出自姜姓。姜太公在周朝为太师，故称太师尚父，他的子孙有的就以他的名字为姓，姓尚。

【尚姓名人】

尚衡：汉代名士。尚可孤：唐代大将。尚仲贤：元代戏曲家，著有《柳毅传奇》。尚可喜：清代平南王。

农 nóng

出自姜姓，神农氏的后代，以祖先的尊号作为姓氏。另外，北宋时，广西壮族人首领侬志高起义反抗，被狄青击败，逃往云南，不知所终。他的部下姓“侬”的纷纷改姓“农”，据说今天广西云南壮族中的农姓由此而来。

【农姓名人】

农益：明代名儒。

温 wēn

出自姬姓。据《广韵》记载：西周时期唐虞叔的后代被封于温（今河南温县），他的子孙就以封地名为姓，称温姓。

【温姓名人】

温峤：晋代名臣，学识渊博。温子升：北魏文学家。温庭筠：唐代著名诗人、词人。温汝能：清代文学家。

别 bié

据《姓苑》记载：周朝诸侯嫡长子以外的儿子，称“别子”。别姓据说是周朝别成子的后代。作为罕见姓氏，史料中记载很少。

【别姓名人】

别之杰：宋朝人，嘉定年间进士，任兵部尚书。别的因：元代大将。

庄 zhuāng

出自芈姓。春秋时，楚庄王死后，他的后代以他的谥号“庄”为姓。魏晋南北朝时，从庄改芈的又有一部分改回庄姓。

【庄姓名人】

庄周：即庄子，先秦著名哲学家、文学家，著《庄子》《南华经》，与老子同为道家之祖，世称“老庄”。庄忌：西汉辞赋家。庄南杰：唐代诗人。庄肃：元代藏书家。庄有恭：清代书法家。

晏 yàn

出自陆终氏。祝融的后代陆终的第五个儿子晏安是晏姓的始祖，他的后代以他的名字中的“晏”为姓。

【晏姓名人】

晏婴：齐国宰相。晏殊：宋代宰相、著名词人，其诗句“无可奈何花落去，似曾相识燕归来”为后世传颂。晏几道：晏殊的儿子，宋代词人。晏锋：明代诗人。

柴 chái

出自姜姓。齐文公的孙子叫柴高，他的孙子举以他的名为姓，叫柴举，柴举的后代遂以柴为姓。

【柴姓名人】

柴高：孔子的学生。柴绍：唐代的霍国公。柴荣：五代时的周世宗。柴虎：明代开国功臣。柴绍柄：清代学者、文学家。

瞿 qú

出自子姓。商朝有个大夫叫瞿父，他的封地在瞿上（今四川双流一带），他的子孙便以地名为姓。

【瞿姓名人】

瞿景淳：明代吏部侍郎，曾校修《永乐大典》《嘉靖实录》。瞿绍基、瞿镛父子：清末著名藏书家。瞿秋白：现代政治家。

阎 yán

出自姬姓。据《新唐书·宰相世系表》记载：周武王封太伯的曾孙仲奕于阎乡，他的子孙就以地名为姓。

【阎姓名人】

阎仲：东汉车骑将军。阎立本：唐代著名画家。阎尔梅：清代诗人。

充 chōng

据《姓谱》记载：周朝有职官为“充人”，是专管饲养祭祀用畜的官。充人的后代以祖先的官名作为姓氏。

【充姓名人】

充虞：战国时齐国人，孟子的学生。充尚：秦代著名方士。充向、充申：汉代学者。

慕 mù

相传帝喾的后代有慕容氏，其后人改复姓慕容为单姓慕。另说出自北方鲜卑族的慕容部落，慕为慕容所改。

【慕姓名人】

慕哲：宋代高僧。慕完：元代刑部侍郎。慕天颜：清代大臣。

连 lián

出自陆终氏。据《姓氏考略》记载：陆终的第三个儿子名叫惠连，他的后代于是就以祖先的字“连”作为姓，即姓连。又说出自姜姓，齐国大夫连称的子孙以祖先的字为姓氏，另外，十六国后魏的定连氏也改姓为连。

【连姓名人】

连总：唐代文学家。连文凤：宋代诗人。连斗山：清代易学家。

茹 rú

据《通志·氏族略》记载：北魏的时候，柔然族建立了一个叫茹茹的政权，从此他们便以茹为姓。

【茹姓名人】

茹让之：北魏将军。茹汝开：唐代水利专家。茹文中：明初户部尚书。茹洪：明代书画家。茹敦和：清代学者。

习 xí

古代有诸侯国习国（今陕西丹凤县少习山一带），习国人以国名为姓，形成习姓。

【习姓名人】

习温：三国时吴国名臣。习凿齿：东晋名臣、史学家。习经：明代文学家。

宦 huàn

宦姓极罕见，史书少见记载。可能源于其先祖入仕做官与官宦人家有关。

【宦姓名人】

宦乡：现代著名政治家。

艾 ài

夏朝时有个大臣叫汝艾，他辅助少康帝振兴夏皇室，他的子孙以祖先的字艾为姓。又说春秋齐景公时的宠臣名孔，被封在艾(今山东沂源县西南)，后代也姓艾。

【艾姓名人】

艾若纳：宋代名臣，以爱民著称。艾南美：明代御史、散文家。艾能奇：明代农民起义军领袖。艾显：清代书法家、画家。

鱼 yú

出自子姓。春秋时宋桓公的儿子叫子鱼，他的后代以祖先的字作为姓氏。

【鱼姓名人】

鱼翁叔：西汉富商。鱼思贤：唐朝水利学家。鱼玄机：唐代女诗人。鱼侃：明代名臣。

容 róng

出自大容氏。古有容国，子孙以国名为姓氏，另说虞舜的后裔，有一人名叫仲容，其子孙便以容为姓。

【容姓名人】

容苴：金朝善定知府。容悌舆：明代著名孝子。容国团：中国乒乓球名将，为中国夺得世界体育比赛中第一个冠军。

向 xiàng

出自子姓。据《姓氏考略》记载：宋桓公的后代封在向，人称向父，世代为宋国大夫，子孙以地为姓。又说出自姜姓。古代有向国（今山东莒县西南），向国灭亡以后，其子孙便以向为姓，形成向姓。

【向姓名人】

向戌：春秋时宋国政治家。向宠：三国时蜀汉中领军。向敏中：宋代宰相。向秀：西晋文学家，“竹林七贤”之一。向腾蛟：清代画家。

古 gǔ

周太王迁到岐这个地方，称古公，其带领着族人建立周国（今陕西岐山北），为了纪念祖先，他的子孙便以古为姓。

【古姓名人】

古弼：北魏吏部尚书。古其品：明代义士、画家。

易 yì

出自雍氏。春秋时，齐桓公有个很得宠的大臣叫雍巫，他的封地在易，称为易牙。他的子孙以易为姓。

【易姓名人】

易牙：善烹调，以“杀子以适君”献媚齐桓公。易元吉：北宋画家，以画猿猴而著名。易廷庆：宋代法学家。易之贞：明代户部郎中。

慎 shèn

出自芈姓。春秋时楚国的太子建的儿子叫白公胜，受封于慎邑（今安徽颍上西北），他的子孙便以地名为姓。

【慎姓名人】

慎到：战国时赵国大夫、著名法家代表人物。慎温其：五代时著名词人。慎东美：宋代画家。

戈 gē

出自古寒氏。古寒国的寒浞篡夺了夏朝政权，他的儿子被封于戈地，其后代遂以戈为姓。

【戈姓名人】

戈权义：元代画家。戈永龄：明代文学家。戈允礼：明代清官。戈涛：清代诗人。

廖 liào

出自有熊氏。黄帝的后代叔安被封到廖国，被称为廖叔安，他的后代以廖为姓。

【廖姓名人】

廖化：三国时蜀国车骑大将军。廖刚：宋代名臣。廖升：明代大臣。廖仲恺：近代政治家。

庾 yǔ

据《元和姓纂》记载：古时管仓库的官叫庾大夫，多为世袭，他们的后代以官名为姓氏。

【庾姓名人】

庾乘：东汉末年名士。庾亮：东晋贤相之一，文学家。庾信：南北朝时著名文学家。庾天赐：元代戏曲家。

终 zhōng

出自陆终氏。陆终的后代以祖先的字为姓氏。

【终姓名人】

终军：西汉名士。终郁：唐代清官。终慎思：宋代学者，书法家。终其功：明代翻译家。

暨 jì

商朝大彭的后代封在暨(今江苏江阴)，子孙以国名为姓氏。另说春秋时越国的大夫诸暨的后代以祖先的字为姓氏。

【暨姓名人】

暨艳：东汉吴国尚书。暨陶：宋代元丰年间进士。

居 jū

周大夫的儿子受封于先邑，他的后代先且居在晋国当元帅，他的后代以他名字中的居字为姓。

【居姓名人】

居理贞：元代名臣。居节：明代书画家。居巢：清代画家。

衡 héng

商汤有个大臣叫伊尹，被封为宰相，他有个尊号叫“阿衡”，他的儿子便以他的尊号为姓。

【衡姓名人】

衡咸：汉代讲学大夫。衡胡：汉代易学家。

步 bù

出自郤氏。晋国有公族封在步（今陕西榆林一带），称郤步杨，子孙以封地为姓氏。

【步姓名人】

步叔乘：春秋时齐国儒者。步骘：三国时东吴宰相。

都 dū

春秋时，郑国有个大夫叫公孙阏，字子都，受郑庄公宠幸。他死后，他的子孙便以他的字为姓，姓都。另说齐国大夫公都的后代以祖先的字为姓氏。

【都姓名人】

都稽：汉代临亚侯。都随：宋代进士。都穆：明代文人。都俞：宋末明初学者。都杰：明代南京兵部尚书。

耿 gěng

周朝时有耿国，春秋时被晋国赵氏所灭，其后代便以故国名为姓。

【耿姓名人】

耿况：西汉大学者。耿昌言：唐代画家。耿沣：中唐诗人，“大历十才子”之一。耿京：宋代抗金领袖。耿精忠：清代靖南王。耿介：清代教育家。

满 mǎn

周朝时，舜的后代胡公满建立了陈国，陈国灭亡后，他的后代便以他名字中的“满”为姓。另外，南方荆蛮部落的瞒姓，也改姓满。

【满姓名人】

满庞：三国时征东将军，封昌邑侯。满奋：西晋尚书。

弘 hóng

春秋时，卫国有位很忠义的大夫叫弘演，他的后代以他名字中的“弘”字为姓。

【弘姓名人】

弘恭：汉代著名宦官。

匡 kuāng

宋国有大夫封在匡，其后代以封地为姓氏。

【匡姓名人】

匡章：战国时齐国名将。匡衡：汉元帝时任宰相。匡愚：明代医师。匡辅之：清代学者。

国 guó

出自姬姓。春秋时期郑穆公有个儿子叫公子发，字子国。其后代就以国为姓，称国姓。另说春秋时齐国有公族名治国，后代以祖宗名字为姓氏。

【国姓名人】

国由：西汉六经祭酒。国渊：三国时魏国太仆。

文 wén

出自姬姓。周武王姬发继承父亲姬昌的志愿，灭了商朝，建立了周朝，他封父亲的谥号为文，部分子孙便以文为姓。

【文姓名人】

文种：春秋末年越国大夫。文同：北宋画家。文彦博：宋朝名相之一。文徵明：明代书画家，“吴中四才子”之一。文天祥：南宋民族英雄，他的《过零丁洋》和《正气歌》流传至今。

寇 kòu

据《风俗通》记载：周武王时有个司寇叫苏忿，他的子孙以官名为姓。

【寇姓名人】

寇恂：东汉名臣，封雍奴侯。寇儁：北周骠骑大将军。寇准：北宋宰相。寇白门：明末清初美女，“秦淮八艳”之一。

广 guǎng

黄帝时有个叫广成子的人，隐居山中，曾向黄帝介绍养生之道。他的后代以广为姓。

【广姓名人】

广汉：宋朝名人。广厚：清代湖南巡抚。

禄 lù

出自子姓。据《风俗通》记载：纣王的儿子叫武庚，字禄父，被周武王封为殷君。他的后人以禄为姓。

【禄姓名人】

历史上禄姓的名人只有清代南陇庆侯的母亲禄氏。

阙 què

出自阙里氏。春秋时鲁国有个地方叫阙党，这里的居民便以地名为姓。

【阙姓名人】

阙士琦：明代学者。阙岚：清代画家。

东 dōng

出自伏羲氏。舜的七个朋友中有个叫东不訾的，他的子孙以他名字中的“东”为姓。

【东姓名人】

东明：后汉神射手。东良元：元朝贵族。东郊：明代应天巡按使。

欧 ōu

出自欧冶氏。夏少康的后代，被楚王封在了欧余山的南面，他的子孙便以欧阳为姓，后来简化为欧。

【欧姓名人】

欧普祥：元代义军将领。欧信：明代广西总兵。

殳 shū

出自有虞氏。殳是古代的一种兵器，舜有大臣殳斨，为掌管仪仗的官员。其后代以祖先的字为姓氏。

【殳姓名人】

殳邦清：明代孝子。殳默：清代书画家，精于制绣。

沃 wò

出自子姓。商朝太甲有儿子叫沃丁，子孙以沃为姓。又据《姓氏考略》记载：沃姓有以沃（今浙江新昌县）地为姓的。

【沃姓名人】

沃焦：三国时吴国名士。沃内：清代将军。

利 lì

出自理姓。皋陶的后代有个叫理利贞的，为了逃避封王的迫害，改名李利贞，他的后代有的以理为姓，有的以李为姓，也有的以“利”为姓。

【利姓名人】

利几：秦末名将。利乾：汉代中山国宰相。利苍：汉代长沙国宰相。利涉：唐代名僧。

蔚 yù

出自姬姓。周宣王把蔚地（今山西平遥）赐给郑国公子翩，翩的后代便以地名为姓。

【蔚姓名人】

蔚昭敏：宋代保静军节度使。蔚缓：明代礼部尚书。

越 yuè

出自姒姓。夏朝的少康帝把儿子无余封在越（今浙江绍兴南），他的后代建立了越国，其中一部分子孙以国号为姓，称越姓。

【越姓名人】

越石父：春秋时齐国贤士。越汝愚：宋代名臣，任吏部尚书。越其杰：明代河南巡抚。

夔 kuí

出自熊氏，楚王室的后代。楚王熊挚的后代被封于夔，建立夔国，子孙以国名为姓氏。

【夔姓名人】

夔靖叔：孔子老师之一。夔安：后赵石虎时太尉，被称为贤相。

隆 lóng

春秋鲁国有一个地方名隆邑，居住于此或受封于此的人们以隆作为姓氏。

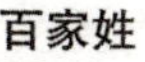

【隆姓名人】

隆英：明宣德时南宫知县，时称“强项令”。隆科多：清代吏部尚书。

师 shī

据《姓氏考略》记载：商朝掌管音乐的官叫师，夏有师延，商有师涓，周有师伊，担任师的人的后代子孙则以官名为姓。

【师姓名人】

师旷：春秋时著名琴师。师襄：孔子的琴师。师宜官：东汉书法家，以微型书法著称。师颃：宋代翰林学士。

巩 gǒng

出自姬姓。周敬王把同族的简公封到巩地（今河南巩县），简公被称为巩简公，他的子孙便以地名为姓，世代姓巩。

【巩姓名人】

巩珍：明代航海家。巩建丰：清代学者。

厍 shè

厍乃库的俗音，义同，守厍即守库，其后人以官名厍为姓。又说北朝时有厍狄为姓氏，后改为厍。

【厍姓名人】

厍钧：东汉金城太守。

聂 niè

出自姜姓。春秋时，卫国有个大夫的封地在聂（今河南清丰县北），他的后代便以封地名为姓，称聂姓。

【聂姓名人】

聂政：战国时韩国人，为战国四大刺客之一。聂夷中：唐代诗人。聂豹：明代哲学家。聂士诚：清末将领，在抵抗八国联军侵入时壮烈牺牲。

晁 cháo

出自姬姓。周景王死后，王子丐与朝争夺王位，丐登位后，朝逃到楚国，他的子孙便以朝为姓。因为“朝”与“晁”通用，所以有的人便以晁为姓。

【晁姓名人】

晁错：西汉著名政治家、散文家。晁冲之：宋代著名诗人。晁补之、晁说之、晁咏之：北宋著名文人。晁显：元代兵部尚书。

勾 gōu

后汉时南匈奴大夫句龙氏，自称是伏羲氏的后代。另有少昊的儿子重死后，被封为东方之神，称为勾芒氏，他的后代便以勾为姓。

【勾姓名人】

勾井疆：孔子学生。勾践：春秋末期越国国君。勾涛：宋代史馆修撰。

敖 áo

出自芈姓，为楚王室的后代，凡是被废掉或被臣下杀害的楚王皆追称为敖，其后代以敖为姓。另说相传颛顼帝的老师叫大敖，大敖的后代子孙以敖为姓。

【敖姓名人】

敖陶孙：宋代学者。敖山：明代成化年间进士。敖成：清代贵州提督。

融 róng

出自祝融氏。帝喾时有大臣重黎，为掌火官，被赐“祝融”的封号。所以后代称祝融为火神。祝融的后人有的姓祝，有的姓融。

【融姓名人】

融姓是个很少见的姓，所以在史书上没有相关记载。

冷 lěng

黄帝赐他的乐官伶伦以名为姓，因伶、冷同音，其后代便改姓为冷。

【冷姓名人】

冷丰：西汉淄州太守。冷寿光：东汉术士。冷谦：明代音乐家。冷枚：清代画家。

訾 zī

帝喾的一个妃子是訾陬氏人，訾陬氏的后代遂以訾为姓。

【訾姓名人】

訾顺：汉代名臣，封楼虚侯。訾虎：宋代名士。

辛 xīn

出自姒姓。夏启将其中一个儿子封到莘地，因古时候莘和辛读音相同，所以便以辛为姓。

【辛姓名人】

辛延年：东汉诗人。辛彦之：隋朝经学家。辛弃疾：宋朝爱国词人，豪放派词人的代表之一，著有《稼轩长短句》。

阚 kàn

出自姞姓。南燕伯的后代被封在阚(今山东嘉祥县北)，其后代以封地名为姓。另说齐国的大夫止封在阚，子孙以地名为姓氏。

【阚姓名人】

阚泽：三国时东吴大学者。阚骃：晋代学者。

那 nā

出自子姓。春秋时楚武王灭了权国，把权国的人迁到那地(今湖北荆门东南)，有部分人便以地名为姓。另外，汉代居于宁夏固有东南的少数民族也有那氏。

【那姓名人】

那椿：北朝时西魏扬州刺史。那嵩：明代知府。

简 jiǎn

出自狐氏。晋国大夫狐鞫居的谥号为“简伯”，他的子孙便以他的谥号为姓，称简姓。

【简姓名人】

简雍：三国时蜀汉将军。简世杰：宋代贺州知州。简生：元代画家。简朝亮：清代学者。

饶 ráo

出自妫姓。商均的儿子封在饶（今河北饶阳县一带），后代称饶氏。又说赵国长安君的封地在饶，他的后代便以地名为姓。

【饶姓名人】

饶节：宋代高僧、诗人。饶子仪：宋代名儒。饶宗鲁：元代学者。饶大振：明代著名画家。饶允坡：清代著名诗人。

空 kōng

出自远古空侯氏，又说出自子姓。殷的先祖契被封于空桐，其后人以空为姓。

【空姓名人】

有关空姓的名人的资料在史书上没有记载。

曾 zēng

出自姒姓。少康帝的小儿子的封地在鄫（今山东峄县以东），郎被宋灭了后，太子巫逃到鲁国，把鄫去掉部首，以曾为姓。

【曾姓名人】

曾参：孔子弟子，著有《孝经》一书。曾巩：北宋文学家、散文家，“唐宋八大家”之一。曾国藩：清代名臣，军事家。曾朴：近代小说家，著有《孽海花》。曾孝谷：近代艺术家。

毋 wú

出自田氏。春秋末年，齐宣王封他的弟弟在毋丘，其子孙遂以地名为姓。又说尧有一个叫毋句的臣子发明了磬，他的后代以毋为姓。

【毋姓名人】

毋无需：西汉末年大力士。毋昭裔：后蜀宰相。毋思义：明代文学家。

沙 shā

据《姓苑》记载：出自远古的沙随氏，其后人以沙为姓。另说是宋国的始祖微子的后代，受封于沙（今河北大名县东），其后世子孙以地名为姓。元朝以后，回族也多用沙姓。

【沙姓名人】

沙罗巴：元代高僧。沙神之：清代书法家、篆刻家。沙张白：清代学者、书法家。

乜 niè

出自北朝后周时的宇文部落，另据《元和姓纂》记载：春秋时，卫国大夫食采于乜城，其后人以地名乜为姓。

【乜姓名人】

史书缺乏记载。

养 yǎng

出自姬姓。周初分封有邓国，邓国大夫有养甥，其子孙以祖字为姓氏，另有说春秋时，吴国公子掩余、烛庸逃到楚，楚王让他们养地居住，其后世子孙遂以养为姓。

【养姓名人】

养由基：春秋时楚国的神箭手。养奋：汉代名儒、孝子。

鞠 jū

出自姬姓。春秋时楚国公族有鞠武，为楚国大夫，他的子孙以鞠为姓氏。另说后稷的孙子出生的时候，他的掌纹和“鞠”字很像，便取名为鞠。鞠的后代便以鞠为姓。

【鞠姓名人】

鞠语：孔子学生。鞠泳：宋代监察御史。鞠履厚：清代著名学者。

须 xū

据《史记索隐》记载：商朝有密须国（今甘肃灵台县西一带）的遗民以须为姓氏。

【须姓名人】

须贾：战国巍大夫。须之彦：明代万历年间进士。

丰 fēng

出自姬姓。春秋时，郑穆公的儿子叫丰，其子孙便以他的名为姓。

【丰姓名人】

丰熙：明代状元。丰坊：明代著名藏书家。丰越人：明代学者、诗人。丰子恺：近代漫画家、文学家，著名居士。

巢 cháo

据《通志·氏族略》记载：尧帝时有个叫巢父的人，他的后人建立了巢国，他的子孙便以国号为姓。

【巢姓名人】

巢堪：东汉司空。巢猗：隋朝经学家。巢元方：隋朝医学家。巢可托：清代刑部尚书。

关 guān

出自龙姓。夏朝龙逄被封在关，人称关龙逄，他的子孙就以关作为姓氏。

【关姓名人】

关羽：三国时蜀国大将。关仝：五代时著名画家，其作品被称为"关家山水"。关汉卿：元代戏剧家，代表作品是《窦娥冤》。关天培：清代名臣，鸦片战争中的民族英雄。

蒯 kuǎi

出自姬姓。卫庄公蒯聩因谋杀南子失败而逃到了晋国，后来回国复位，他的后代便以蒯为姓。

【蒯姓名人】

蒯通：汉代史学家。蒯祥：明代著名建筑家，永乐十五年主持修建了北京故宫，皇帝曾称呼他蒯鲁班。

相 xiāng

出自姒姓。商朝的时候，有个古城叫相(今河南内黄东南)，住在那里的人有部分以相为姓。

【相姓名人】

相里金：南朝梁人。相里、相愿：北齐名士。相礼：明代诗人，画家。相润：清代名僧，诗画家。

查 zhā

出自姜姓，姜太公的后代。齐项公封他的一个儿子在查地，他的后代便以封地名为姓。明清时查姓为避祸，有改查为香的，满清八旗中后来也有改姓查的。

【查姓名人】

查文徽：南唐枢密副使。查伊璜：明代史学家。查士标：清代画家。查慎行、查嗣庭兄弟：清初名人，当时有“一门七进士、叔侄五翰林”的说法。

後 hòu

出自太昊氏。太昊的后裔有叫後照的，其后世子孙以後为姓。又说出自太史氏，因齐襄王赐姓而得，古代的“後”与“后”是两个字。

【後姓名人】

後学儒：明代学者，曾校《文心雕龙》。後礼：清代画家。

荆 jīng

出自芈氏。据《通志·氏族略》记载：楚国公族的后代。原为楚氏，后来为避讳，改为荆氏。一说西周初，楚国夫君被封于荆（今湖北西部），其后人中有的便以荆为姓。

【荆姓名人】

荆轲：战国末年燕国侠客，因刺杀秦王被杀。荆浩：五代时后梁的著名画家。荆州俊：明代刑部侍郎。

红 hóng

出自芈姓。春秋时，楚国的熊渠的儿子叫熊挚，字红，他被封为鄂王，他的部分子孙以他的字为姓。

【红姓名人】

红绡：唐代名妓，女诗人。红军友：明末农民起义军领袖。

游 yóu

出自姬姓。春秋时，郑穆公有个儿子叫偃，字子游。他的孙子以他字中的游为姓。

【游姓名人】

游酢：宋代学人，程颐兄弟的学生，有“程门立雪”故事传世。游似：宋代宰相。游于诗：明代学者。游上凤：清代诗人。

竺 zhú

古代印度人进入中国，以竺为姓——因为当时人们把印度称天竺。另据《姓苑》记载：东汉时，枞阳侯竹晏认为本姓源于伯夷、叔齐二贤，因此在竹下加“二”，改称竺氏。

【竺姓名人】

竺大年：宋代文人。竺可桢：现代著名气象学家。

权 quán

出自子姓。据《新唐书·宰相世系表》记载：商代武丁的后裔封于权（今湖北当阳）。建立权国，权国被巴国灭了后，权国的人便以国号为姓。

【权姓名人】

权忠：汉代辅佐都尉。权德舆：唐代宰相。权邦彦：宋代副宰相、诗人。权衡：明代史学家。

逯 lù

出自嬴姓。春秋时秦国大夫封于逯（今河北鸡泽县东），其后人便以逯为姓。

【逯姓名人】

逯普：西汉名臣，被封蒙乡侯。逯中立：明代万历年间进士。逯相：明代孝子。

盖 gě（gài、guó）

出自姜姓。战国时，齐国有个大夫，被封在盖邑（今山东沂源县东南），他的后代便以封地名为姓。

【盖姓名人】

盖延：东汉名臣，封安平侯。盖宽饶：汉代司隶校尉。盖文达：唐代崇贤馆大学士。盖方泌：清台湾知府。

益 yì

皋陶的儿子叫伯益，伯益的儿子有的以父亲的字为姓氏。又据《姓氏考略》记载：古代成阳郡有益都县（今山东伯益），那里的人就以“益”为姓。

【益姓名人】

益畅：宋代进士。益智：元代怀远大将军。

桓 huán

出自姜姓，春秋时齐桓公的后代以祖先谥号“桓”为姓。另说出自子姓，宋桓公的后代。均以祖谥为姓氏。

【桓姓名人】

桓荣：东汉权臣，封关中侯。桓谭：东汉哲学家、经学家。桓温：东晋名臣，精通音乐、擅长吹笛。桓彦范：唐代宰相。

公 gōng

周朝贵族有爵位者多称公，所以这些贵族的后代都以公为姓。

【公姓名人】

公俭：汉代主爵都尉。公乘亿：唐代进士。公勉仁：明代太仆卿。

万俟 mòqí

出自北魏拓跋氏。北魏献文帝赐其弟弟的后人姓万俟。

【万俟姓名人】

万俟兜：后周功臣。万俟雅言：宋代词人。

司马 sīmǎ

据《通志·氏族略》记载：周宣王时，颛顼帝的后代休父担任司马，他的后代子孙有部分人以官职名司马为姓。

【司马姓名人】

司马相如：西汉文学家。司马迁：西汉史学家，编写了史学巨著《史记》。司马懿：三国时魏国名将。司马光：北宋杰出的政治家、思想家、历史学家，编写了《资治通鉴》一书。

上官 shàngguān

出自芈姓。楚庄王的儿子叫子兰，他在周朝担任上官大夫，他的后代便以官名为姓。

【上官姓名人】

上官桀：西汉丞相。上官仪：唐代宰相、诗人。上官婉儿：唐代女诗人，皇妃。上官达：明代画家。上官周：清代诗人画家。

欧阳 ōuyáng

出自姒姓。越国被楚国灭了后，越王勾践的孙子蹄被楚王封到乌程欧余山（今浙江吴兴县）的南面，因为山的南面叫“阳”，所以他被称为欧阳亭侯。他的子孙便以欧阳为姓。

【欧阳姓名人】

欧阳询：唐代书法家。欧阳修：宋代政治家、史学家、文学家，“唐宋八大家”之一。欧阳玄：元代文学家、史学家。欧阳山：当代著名作家，有长篇小说《三家巷》。

夏侯 xiàhóu

出自姒姓。禹的后代东楼公被周武王封到杞国，杞国被楚国灭了后，杞简公的弟弟逃到了鲁国，因为他是夏朝的后代，在周朝时他的祖先又被封爵，所以鲁悼公便称他为夏侯氏，他的子孙便以夏侯为姓。

【夏侯姓名人】

夏侯婴：汉初名将。夏侯渊：三国时魏国大将。夏侯湛：西晋文学家。夏侯嘉正：宋代辞赋家。

诸葛 zhūgě

夏朝时期有葛国，葛国被灭后，族人迁到诸地，后来子孙就各取地名与国名，合成诸葛姓。

【诸葛姓名人】

诸葛瑾、诸葛亮兄弟：三国时著名的政治家。诸葛瑾是东吴谋臣，诸葛亮是蜀国宰相，著名军事家，他们的后代诸葛恪、诸葛瞻也都是国之栋梁。诸葛高：宋代制笔专家。

闻人 wénrén

春秋时鲁国的少正卯被当时人称为“闻人”，即名人，他的后代从此以闻人为姓。另有说左丘明的后代以“闻人”为姓氏。

【闻人姓名人】

闻人通汉：汉代官吏。闻人梦吉：元代经学家。闻人益：明代画家。

东方 dōngfāng

伏羲氏的后代孙羲仲主管东方青阳令，其子孙遂以东方为姓。另有说出自汉代名人东方朔。

【东方姓名人】

东方朔：西汉文学家。东方显：唐代诗人、十八学士之一。东方辛：宋代名人。东方正：明代名士。

赫连 hèlián

五胡十六国时，南匈奴右贤王的后人为自己取的姓，意思是“王者辉赫，与天相连”。

【赫连姓名人】

赫连勃勃：十六国时，建立过夏，称大夏天王。赫连达：北周大将。

皇甫 huángfǔ

出自子姓。据《通志·氏族略》记载：宋戴公有个儿子叫充石，字皇父，他的孙子以他的字为姓，后来改为皇甫。

【皇甫姓名人】

皇甫规：东汉名臣。皇甫谧：西晋文学家、医学家。痴迷于《尚书》，被称为“书淫”。皇甫镈：唐代宰相。皇甫湜：唐代文学家。

尉迟 yùchí

尉迟部落和北魏同时存在，于是北魏的孝文帝赐姓“尉迟”给尉迟部落。也有来自万俟氏的，如同功臣万俟兜，被赐姓尉迟。

【尉迟姓名人】

尉迟恭：字敬德，唐初名将，帮助李世明夺取帝位。尉迟跋质那：唐代画家。

公羊 gōngyáng

出自姬姓。鲁国有个叫公羊儒的人，他的子孙以他的名中“公羊”二字为姓。

【公羊姓名人】

公羊高：战国名士，著有《公羊传》一书。公羊寿：汉代史学家。

澹台 tántái

春秋时孔子的弟子灭明居于澹台（今山东嘉祥县西南），人称澹台灭明，他的后代从此便以澹台为姓。

【澹台姓名人】

澹台灭明：春秋学人，孔子学生，虽相貌丑陋，但品德美好。澹台敬伯：汉代韩诗博士。澹台继来：清道光四年举人。

公冶 gōngyě

出自姬姓。据《姓氏考略》记载：鲁国大夫季公冶的后代，以祖先的字为姓氏。

【公冶姓名人】

公冶长：春秋学人，孔子学生，多才多艺。

宗政 zōngzhèng

秦朝和汉朝时，有个官职叫宗正，负责皇族的事务，担任这个官职的人的后代以官名为姓，后来改为宗政。

【宗政姓名人】

宗政珍孙：北魏安西将军。

濮阳 púyáng

出自姬姓。古代河的北面称为“阳”；郑国公族大夫居住在濮水的北面（今河南濮阳县），其后代就以濮阳为姓。

【濮阳姓名人】

濮阳兴：三国时吴国丞相。濮阳成：明初大将，官武德将军。濮阳涞：明代经学家。

淳于 chúnyú

周武王封斟灌国君为淳于公，国号改为淳于，淳于国曾一度灭亡，后来复国。淳于国的后代以国号为姓。

【淳于姓名人】

淳于髡：战国时齐国著名学者。淳于意：汉代医学家，他的女儿缇萦是历史上著名的孝女。淳于朗：唐代学者。

单于 chányú

匈奴的统治者称为“撑犁孤涂单于”(汉语“天子”之意)，简称“单于”。匈奴右贤王去卑单于投降汉朝，单于的子孙都以单于为姓。

【单于姓名人】

随着南匈奴渐渐和汉族同化后，单于这个姓就很少有人用了。历史上对于单于的名人没有什么记载。

太叔 tàishū

出自姬姓。郑穆公之孙段封地在京城，世称京城太叔，他的后代便以祖先的字为姓氏。

【太叔姓名人】

太叔雄：汉代尚书。

申屠 shēntú

帝舜的后代有申屠氏，其后代以申屠为姓氏。申是夏的诸侯国，申国的国君把他的弟弟封在屠原，其子孙因以为姓氏。

【申屠姓名人】

申屠嘉：汉武帝时名相。申屠澄：元代古文家。申屠相：明代医学家。

公孙 gōngsūn

春秋时诸侯的儿子称公子，公子的儿子称公孙，公孙的儿子中没有封号爵位的都以孙为姓。

【公孙姓名人】

公孙杵臼：春秋时晋国义士。公孙龙：楚国人，孔子的学生。公孙丑：孟子学生。公孙瓒：东汉辽东诸侯。公孙弘：汉武帝时任丞相。公孙大娘：唐代舞蹈家。

仲孙 zhòngsūn

出自姬姓。春秋时，鲁庄公有个哥哥叫庆父，字共仲。庆父的部分子孙以仲孙为姓，称仲孙姓。

【仲孙姓名人】

仲孙蔑、仲孙何忌、仲孙貜：春秋时鲁国人，即孟献子、孟懿子、孟僖子。

轩辕 xuānyuán

出自姬姓。黄帝又号轩辕氏，其后代有的合以轩辕为姓。

【轩辕姓名人】

轩辕弥明：唐代名士。轩辕集：唐代道士。

令狐 línghú

出自姬姓。周文王之子毕公高的后代毕万在晋国，毕万的曾孙华颗受封于令狐，他的儿子便以封地名为姓。

【令狐姓名人】

令狐邵：三国时弘龙郡太守。令狐楚、令狐绹父子：唐代宰相。令狐鏓：明代经学家。

钟离 zhōnglí

宋国君被杀，他的儿子逃到楚国，封地在钟离(今安徽凤阳东北)，他的子孙便以地名为姓。

【钟离姓名人】

钟离春：也称无盐，战国时齐国王后，奇丑，以胆识著称。钟离瑾：宋代龙图阁待制。

宇文 yǔwén

鲜卑族首领姓宇文，就是“天子”的意思，东晋时他们进入中原，传说有一天鲜卑首领在河中得到一块玉玺，认为天授神权，所以定宇文为国号，他的后代便以宇文为姓。

【宇文姓名人】

宇文泰：北魏大丞相。宇文恺：隋代著名建筑家。宇文融：唐代宰相。宇文虚中：金代文学家。

长孙 zhǎngsūn

出自拓跋氏。北朝北魏皇族后代，献文帝第三兄为宗室元长，他的儿子被赐以长孙为姓氏，从此其子孙遂以长孙为姓。

【长孙姓名人】

长孙晟：隋朝名将，其女为唐太宗的皇后。长孙无忌：为唐太宗和唐高宗时两朝宰相，是唐朝开国功臣之一。

慕容 mùróng

出自鲜卑族。三国时鲜卑单于涉归自称“慕二仪之长孙无忌德，继三光之容”，便以“慕容”为姓。

【慕容姓名人】

慕容三庄：隋朝大将军。慕容延钊：宋代检校太尉。

鲜于 xiānyú

出自子姓，以国名、邑名合并为氏。商朝末君纣王有叔箕子封于箕（今山西省太谷县），官为太师，多次就纣王的荒淫残暴进谏，纣王仍依旧如故，不思悔改，后来竟将箕子关入大牢。周武王灭商后，箕子直言劝谏武王当行仁政，却不肯应武王的请求再次为臣。相传他的子孙中支子仲封的在于邑，就合国名与邑名，自称鲜于氏。又说，出自少数民族。南北朝时，定州（今河北定县）丁零族（北方称为铁勒族或敕勒族）有鲜于氏。

【鲜于姓名人】

鲜于文宗：东汉孝子。他七岁时，其父种芋头的时候，不幸去世。他每年种芋头时，对芋呜咽，如此终身。鲜于天：宋代著名科学家，幼时能日诵千言，表现出非凡的才能。鲜于枢：元代书法家。行草书尤精，与赵孟頫齐名。代表作有《真书千文》《老子道德经卷上》《苏轼海棠诗卷》《韩愈进学解》等。

闾丘 lǘqiū

源于地名，出自春秋时期邾国闾丘邑，属于以居邑名称为氏。据《尚友录》中记载：“邾国闾丘氏食邑于闾丘”，说明闾丘是“以邑为氏”的。又说，源于姜姓，出自春秋时期齐国大夫婴的封地，属于以封邑名称为氏。春秋时期，齐国有个闾丘邑（今山东济宁邹城东曹村至西朱村一带），原为莒国西部边境之地，周定王姬瑜十一年（公元前 596 年），齐顷公发动了一系列针对莒国的战争，其地为齐国所夺。

【闾丘姓名人】

闾丘婴：春秋时期齐国大夫。文武全才，食邑在闾丘，因此称闾丘婴。闾丘氏后人奉闾丘婴为闾丘姓的得姓始祖。闾丘冲：西晋著名诗人。闾丘均：唐代文学家。闾丘孝终：北宋著名大臣。曾在黄州任太守。苏东坡被贬黄州任团练副使时，与其交往甚密，友谊深厚。

司徒 sītú

出自姬姓，是舜帝的后代。尧帝为炎黄部落首领时，舜为尧的司徒官，执掌和管理土地事务，故又名土司。舜的后代子孙有的以其职官命姓，称司徒氏。又据《姓氏考略》载：春秋时，卫国大夫夏丁氏夏戊的儿子期任司徒，其后也称司徒氏。

【司徒姓名人】

司徒映：唐代著名清官，曾助唐文宗改革弊政，励精图治。司徒福：中国国民革命军空军上将，台湾空军总司令。司徒美意（又名美堂）：著名旅美华侨领袖，中国致公党创始人。

司空 sīkōng

源于姒姓，出自夏王朝君主大禹的后代，属于以官职称谓为氏。传说，尧为部落联盟首领时，大禹官至司空。司空，是古代的一个官名，专管水利、土木工程建设，相当于当今的建设部部长。大禹任司空，治水有功，建国有勋，其后裔子孙种有以先祖官职称谓为姓氏者，称司空氏，世代相传至今。

【司空姓名人】

司空图：唐代诗歌评论家。著有《诗品》二十四卷，以四言韵语咏述诗的二十四种境界，对后世诗评有很大影响。司空曙：唐朝著名诗人，“大历十才子”之一。擅长写五言律诗，内容多为送别酬答和羁旅漂泊。

丌官 qíguān

《姓氏寻源》说：丌与笄音同。笄，即簪子，用来插住挽起的头发或弁冕。周代礼制中有掌管“笄”的“笄官”一职，为世袭，后裔则以官为氏，姓”丌官”。

【丌官姓名人】

丌官氏：孔子妻。据《孔子家语·本姓解》记载：“孔子年十九，娶于宋之丌官氏”。除孔子夫人丌官氏外，历史上的丌官氏名人，几乎绝迹于史载。

司寇 sīkòu

源于己姓，出自西周时期颛顼帝后裔苏国国君苏忿生的官职，属于以官职称谓为氏。据《通志·氏族略》记载：颛顼帝的后裔古苏国国君苏忿生，助周伐商，因此，在西周王朝建立后，出任周武王姬发属下的大司寇，他辅佐周武王稳定国家秩序，保障社会治安，颇有政名。周武王再赐封其邑于苏地家乡十二邑（今河北临漳一带），复建有苏国，都城于温（今河北衡水景县）。一直到战国中期的周安王姬骄六年（公元前396年），苏国被狄族击破，末代君主苏明自尽，族人分散逃往卫国，苏国遂灭。在苏忿生的后裔子孙中，有以先祖官职称谓为姓氏者，称司寇氏，后有省文简改为单姓司氏、寇氏者，皆世代相传至今。又据《通志·氏族略》记载：卫国司寇氏出自卫灵公的后裔。

【司寇姓名人】

司寇惠子：春秋时鲁国著名大夫。司寇布：战国时期周王室大夫。司寇恂：东汉开国将领，“云台二十八将”之一。

仉督 zhǎngdū

据《通志·氏族略》中的记载：古时有仉督氏复姓，后分为仉氏、督氏，今已无此复姓。“仉”，就是“掌”的古体字，“仉督”也就是“掌督”，西周时期设置的官位，主管指定区域内的行政事务，后称“党督”。在“仉督”的后裔子孙中，有以先祖官职称谓为姓氏者，称仉督氏。仉督氏复姓是一个古老的汉族姓氏，但在秦汉时期即已分衍为单姓仉氏、督氏等，现已无仉督氏这一复姓。

【仉督姓名人】

仉氏：在此单指孟子母亲。仉公：明朝洪武年间河南道御史。督戎：春秋晋国著名大力士。

子车 zǐjū

源于嬴姓，出自春秋初期秦国公族子车氏之后，属于以先祖名字为氏。春秋初期，秦国有一个大夫名叫子车，其后裔子孙就以先祖的名字为姓氏，称子车氏，得姓至今已有两千六百多年的历史了。又说源于姜姓，出自春秋时期齐国大夫北郭子车之后，属于以先祖名字为氏。子车氏的后代皆省文简改为单姓车氏，世代相传至今。

【子车姓名人】

子车奄息、子车仲行、子车针虎：春秋时秦国“子车氏三良”。秦穆公死的时候，决定让三位贤良陪葬。《诗经·黄鸟》诗对其有过描写。

颛孙 zhuānsūn

源于妫姓，出自春秋时期的陈国（今河南省淮阳市一带）公族，属于以先祖名字为氏。据《尚友录》记载："陈公子颛孙仕晋，子孙氏焉"。颛孙，是春秋时期的陈国公族，上古圣君虞舜妫姓的后裔，其后世子孙"以王父字为氏"而姓了颛孙，称颛孙氏。《通志·氏族略》中有记载："颛孙氏出自陈公子颛孙。"但在史籍《左传》中则记载：鲁庄公二十二年（前672年）"陈公子完与颛孙奔齐，颛孙自齐来奔鲁。"上述两种记载都说明颛孙是陈国的公子，只是做官在晋国还是在鲁国的区别，而《左传》的记载似乎更可信。

【颛孙姓名人】

颛孙师：字子张，春秋时陈国人。孔子门生。

端木 duānmù

源于芈姓（源于轩辕氏），出自西周初期周文王姬昌之师鬻熊之后端木典，属于以先祖名字为氏。据文献《端木氏家谱》、《端木氏祖德性谱》的记载：黄帝次子昌意。昌意生颛顼，颛顼生称，称生卷章，卷章生二子：长子重黎，次子吴回。吴回生陆终，陆终生六子，少子季连。季连生附沮，附沮生穴熊。之后其世系失记，至二十余世有鬻熊，仕于周，为周文王姬昌、周武王姬发之师。鬻熊生二子，长子熊丽，次子端木。端木生典，典以父名为姓，名端木典，这是端木氏得姓之始祖，其后几世断纪无考。又说源于回族，属于汉化改姓为氏。回族端木氏，出自汉族端木氏融入回回民族。

【端木姓名人】

端木赐：子贡，孔子"七十二贤"之一。他能言善辩，是当时有名的大商人，而且还在鲁、卫、齐等国做过相。

巫马 wūmǎ

巫马，是周朝一种负责照顾马匹的官名。巫马官的后代子孙以祖上的官职名称命姓，称巫马氏。以后又逐渐形成了单姓巫，巫马姓的人越来越少了。

【巫马姓名人】

巫马施：字子旗，孔子门生。曾为鲁国丞相，多有业绩。

公西 gōngxī

源于姬姓，据《姓氏寻源》记载：公西氏复姓出自春秋时期鲁国三大贵族姓氏之一的季孙氏家族，是季孙氏的一个分支。公西氏鼎盛于鲁国，后成为山东省境内的一大名门，以公西为姓，称公西氏。公西氏只在春秋时期有过一段历史，后世则很少有关于这个姓氏的记载。

【公西姓名人】

公西赤：字子华，亦称公西华。孔子门生。以擅长祭祀之礼、宾客之礼著称，且善于交际。

漆雕 qīdiāo

源于姬姓，出自西周时期吴国君主吴太伯之后裔，以部落名称为氏。又说西周初期吴国开国君主吴太伯（姬泰伯）的后代，他们擅长制作漆器，并以此作为自己氏族部落的名称，称漆雕氏。实际上，漆雕氏就是从吴国公族中分化出来的一支平民化的群体，并以其独有的职业技能为各诸侯国所聘，由此分布于各地。

【漆雕姓名人】

漆雕开：字子若。孔子“七十二贤”之一，学识渊博，为人谦恭。

乐正 yuèzhèng

据《元和姓纂》和《尚友录》记载："周官乐正，以官为氏。"乐正，是商周时期的官职称谓，负责司掌音乐声律和宫廷礼乐部门，即管理典礼乐队的最高长官。在乐正的后代子孙中，有以祖先的官职称谓为姓氏者，称乐正氏，后有省文简改为单姓乐氏者，皆世代相传至今。

【乐正姓名人】

乐正子春：春秋时鲁国人。曾子门生。乐正克：战国时期鲁国人，孟子门生，"思孟学派"的重要人物。

壤驷 rǎngsì

源于嬴姓，出自春秋时期秦国贵族壤驷赤之后，属于以先祖名字为氏。据《姓氏考略》记载："孔子弟子壤驷赤之后，以壤驷赤之壤为单姓。"因此壤驷氏在今天极为罕见。

【壤驷姓名人】

壤驷赤，字子徒，春秋末期秦国上邽(今甘肃省天水市秦城区)人。孔子门生，"七十二贤"之一。

公良 gōngliáng

源自周朝公子良后代，以祖名为氏。据《通志·氏族略》记载：上古周代，陈国公子名良，人称公子良，其后人就以他的爵位与名合称得"公良"为姓氏。

【公良姓名人】

公良孺：字子正。春秋时代的陈国人，孔子门生，以勇著称。

拓拔 tuòbá

源于姬姓，出自黄帝后裔鲜卑族拓跋（亦称托跋）部拓跋氏，属于汉化改姓为氏。据《魏书·官氏志》记载：黄帝子昌意少子悃，受封北土。黄帝以土德之瑞称王。北土之人则谓“土”为“拓”，谓“后”为“跋”，故以“拓跋”为姓，称拓跋氏，意即黄帝土德后代，即后来北朝的鲜卑族拓拔氏部族。

【拓跋姓名人】

拓跋珪：北魏道武帝（371—409年），北魏王朝的创立者。拓跋宏：北魏孝文帝（471—499年），即位时仅五岁，太皇太后冯氏当国。太和十四年（490年）冯太后死，始亲政。亲政后，推行改革，对各族人民的融合和各族的发展，起了积极作用。拓跋勰：（473—508年），汉名元勰，字彦和，北魏献文帝之子，北魏孝文帝之弟，北魏历史上杰出的年轻政治家，是北魏孝文帝改革的积极支持者，对推动北魏孝武帝的改革起到了不可磨灭的贡献。

夹谷 jiāgǔ

以地名为姓。夹谷，春秋时齐鲁地，即祝齐，一称长谷，其地一说在莱芜西南，一说山东淄博市淄川区西南。据《百家姓考略》记载：“齐公子齐尾孙，封于夹谷，复姓也。”

【夹谷姓名人】

夹谷谢奴：金太祖帐前的猛将，曾在大禹镇大败宋兵，官至昭议节度使。治有勤绩。夹谷胡剌：金朝伐宋名将，曾在山东大败宋军。夹谷守中：金朝的著名忠臣。夹谷清臣：金朝的宰相。

宰父 zǎifǔ

源于官职，出自周王朝时期官吏宰父之后，属于以官职称谓为氏。宰父氏复姓与宰氏同源，皆出自西周初期设置的官职称谓。据《周礼》中载："父，始也。""宰父"，指"宰"这一官职之始，是西周时期的一种官名，即"太宰"，掌管天官府司，负责管理奴隶主的家务杂事。

【宰父姓名人】

宰父黑：名黑，字子索，春秋末年鲁国东人。孔子门生。

谷梁 gǔliáng

源于农耕作业，属于以物品名称为氏。古代有一些部落，农业相对比较发达，他们以能种出优质的谷子为骄傲，古代将谷(谷)子称为粱，所以善于种植粱的氏族首领就用谷粱命姓，他的后代子孙遂以谷粱为姓。又说源于地名，出自古代谷梁城，属于以居邑名称为氏。古代有个叫古博陵的郡(今河北省安平、安国等县)，在郡中有个城市叫谷梁城，居住在那里的人遂以地名命姓，称谷梁氏。春秋以后，谷梁复姓就慢慢演变成单姓谷或单姓梁了。

【谷梁姓名人】

谷梁赤：字元始，战国时期鲁国人，子夏门生，为《春秋谷梁传》作者。其学说最初只是口说流传，至西汉时才成书。《春秋谷梁传》亦称《谷梁春秋》或《谷梁传》，为今文经学派著作，是研究古代儒家思想的重要资料。

晋 jìn

周初，周武王的儿子虞叔受封于唐，称唐虞叔。唐虞叔的儿子迁居晋水，建立晋国，称晋侯。其后世子孙以晋为姓。

【晋姓名人】

晋调元：明代万历年间举人。

楚 chǔ

周朝初年颛顼的后裔受封在荆，以地为国号，迁都于郢后，改国号为楚，楚国被秦灭亡，沦为平民的楚室后代以楚为姓氏。

【楚姓名人】

楚衍：宋代数学家、天文学家。楚烟：明代天启年间进士。

闫 yán

闫姓为阎姓的别支。闫、阎二姓同出一源。

【闫姓名人】

闫应儒、闫励：皆明嘉靖庚午科进士。闫阳璜：清康熙癸酉科进士。

法 fǎ

战国时，齐襄王名法章。秦国灭齐后，齐国的公族子孙为避祸，遂以祖上名中的法字为姓。

【法姓名人】

法正：三国时刘备的谋臣。法若真：清代诗人、画家。

汝 rú

出自姬姓。东周初期，周平王封小儿子于汝邑，其后人遂以汝为姓。

【汝姓名人】

汝郁：西汉鲁相，二十四孝之一。汝颜：宋仁宗朝进士。汝齐贤：明嘉靖进士。

鄢 yān

古代有鄢国。春秋时鄢国被郑国所灭，其公族子孙遂以鄢为姓。

【鄢姓名人】

鄢正几：明代文人。

涂 tú

古代有涂水，在这里居住的居民以水名为姓氏。夏朝时有涂山氏，其后人省去山字，以涂为姓。

【涂姓名人】

涂时作：清代雍正年间进士。

钦 qīn

古渔阳乌桓部落中有钦姓，可能起源于乌桓部落。

【钦姓名人】

钦善：清代文人。钦揖：清代画家。

段干 duàn’gān

春秋时，哲学家老子李聃的裔孙在魏国为将，受封于段干，其后人遂以段干为姓。

【段干姓名人】

史料记载很少。

百里 bǎilǐ

春秋时，秦国大夫百里奚的后人以百里为姓。

【百里姓名人】

百里奚：秦国大夫。

东郭 dōngguō

周朝时，一座城池有内城和外城，外城称郭。当时齐国公族大夫有居住在国都临淄东郭的，称东郭大夫，后来又称东郭氏，其后人遂以东郭为姓。

【东郭姓名人】

东郭延年：后汉奇人。

南门 nánmén

古代居住在南城门一带的居民有的以南门为姓。又一说，夏代置有管理南城官职，其后人以南门为姓。《鬻子》载：汤七佐有南门蠕。

【南门姓名人】

史料记载很少

呼延 hūyán

古代匈奴人有的家族称呼衍氏，入中原后改为呼延，其后人遂以为姓。

【呼延姓名人】

呼延赞：北宋名将。

归 guī

春秋时有宗胡国，其君族为归姓。后来宗胡国被楚所灭，其国君的后人有的以归为姓。

【归姓名人】

归有光：明代著名文学家。归庄：归有光的曾孙，明末清初文学家。

海 hǎi

春秋时，卫国有大臣海春，其后人皆姓海。

【海姓名人】

海瑞：明代清官，人称“海刚峰”。

羊舌 yángshé

出自姬姓。春秋时，晋国晋靖侯的后人，有的受封于羊舌邑，其子孙遂以羊舌为姓。

【羊舌姓名人】

羊舌肸、羊舌鲋：春秋时晋国大夫。

微生 wēishēng

出自姬姓。春秋时，鲁国有贵族微生氏，其子孙以微生为姓。

【微生姓名人】

微生高：春秋名士，以守信闻名。

岳 yuè

出自姜姓。上古时设有“四岳”官职，其职务是管理同岳的祭祀工作，四岳官的后人以岳为姓。

【岳姓名人】

岳飞：南宋抗金名将、词人。岳钟琪：清朝著名将领。

帅 shuài

古代管理音乐工作的官员称师，晋国有师旷，鲁国有师乙，其子孙以师为姓。后因晋国晋景公的名字有师字，为避讳，将师字去掉一横，改姓帅。

【帅姓名人】

帅我：清代名人。

缑 gōu

周朝时，有大夫受封于缑邑，其后世子孙遂以缑为姓。

【缑姓名人】

缑玉：汉代烈女。缑山鹤：清乾隆甲戌科进士。

亢 kàng

出自伉姓。春秋时卫国大夫三伉的后人以亢为姓。

【亢姓名人】

亢树滋：清代文人。

况 kuàng

三国时，蜀中有一位名人况长宁，其后人皆姓况。

【况姓名人】

况钟：明朝著名清官。况周颐：近代著名词人。

后 hòu

春秋时，鲁孝公八世孙成叔受封于郈邑，其后人去掉郈的“阝”（邑）旁，以后为姓。另相传炎帝的后代有子叫句龙，担任后土（掌管山川土地农业生产），其后代以“后”为姓。

【后姓名人】

后处：孔子的学生。后苍：汉代经学家。后礼：清代画家。

有 yǒu

远古时期，人们为逃避猛兽的侵袭，就长期住在树上，被称为有巢氏，有巢氏的后代以有为姓，世代相传。春秋时，孔子有个弟子名有若，其子孙皆姓有。

【有姓名人】

有若：孔子学生。有禄：汉代尚书令。

琴 qín

春秋时，卫国有人名琴牢，是孔子的弟子。琴牢的后人以琴为姓。

【琴姓名人】

琴牢：孔子学生。琴氏：春秋时楚国人，纪昌弟子，发明弩。

梁丘 liángqiū

源于姜姓，出自春秋时期齐国贵族大夫姜据的封地(今山东省成武县)，属于以封邑名称为氏。据《尚友录》记载：“齐大夫食采梁丘，因以为氏。”

【梁丘姓名人】

梁丘据：齐侯姜尚后裔，春秋时期齐国的大夫，深受齐景公的赏识，后受封地于山东梁丘，以封地为姓，为梁丘姓始祖。梁丘贺：字长翁，西汉诸(今山东诸城县)地人，“梁丘氏易学派“创立者。

左丘 zuǒqiū

出自春秋晚期鲁国史官左丘明之后，属于以居邑名称为氏。据《元和姓纂》记载：“齐国临淄县有左丘。”另据《氏族博考》记载：“左丘明居左丘，为左丘氏。”左丘，在西周时期是齐国的一个地名，故址在今山东省临淄地区。

【左丘姓名人】

左丘明：春秋时鲁国人，史学家。相传他他双目失明，人称为盲左，曾任鲁太史，大约与孔子是同时代的人。著《左氏春秋传》，简称《左传》。

东门 dōngmén

源于姬姓。鲁庄公有个儿子叫公子遂，字襄仲，在鲁国任大夫。因为他家住在鲁都曲阜城的东门旁边，所以邻人都称他为东门襄仲，意为住在东门的襄仲，后以为姓氏。

【东门姓名人】

东门襄仲：东门氏的得姓始祖。春秋时鲁国大夫。曾出使齐国求得支持，立鲁宣公为帝。东门京：西汉人，经学家。善相马。东门云：汉代经学家，学公羊春秋经，官至荆州刺史。

西门 xīmén

源于姬姓，出自春秋时期郑国大夫居住地，属于以居邑名称为氏。据《通志·氏族略》记载："郑大夫居西门，因氏焉。"又说源于姬姓，出自战国时期魏国官吏西门豹之后，属于以先祖名号为氏。据《姓苑》记载："西门豹之后，改为西门氏。"

【西门姓名人】

西门豹：战国时期魏国(今山西省运城市盐湖区安邑一带)人。魏文侯时任邺(今河北临漳县一带))令，著名的政治家、水利家，曾开凿十二条渠，治水兴农。西门君惠：汉代著名道。曾预言刘姓建立了东汉。西门季玄：唐代名臣。

商 shāng

源于子姓，出自上古时期商王朝贵族后裔，属于以国名为氏。据《通志·氏族略》载："唐尧封帝喾之子契于此，传十四世至成汤，灭夏而有天下，以商为国号，后商被灭于周，子孙以国为氏。"相传，在远古时期，帝喾有个妃子叫简狄，她外出游玩是误食了玄鸟蛋，因而受孕生子名"契"。契长大后，仁惠博学，被舜帝任命为司徒，负责教化民众。后来，契因辅佐大禹治水有功，被赐姓为"子"，敕封在商邑(今陕西商县)，组成了商族部落，号为"商国"。一直到契的第十四代孙成汤灭了夏王朗，建立了商王朝，其后裔王孙贵族开始以国名为姓氏，称商氏，为商王朝贵族为官者的专有姓氏。又说源于姬姓，出自春秋时期秦国大夫商鞅之后，属于以封邑名称为氏。据《姓纂》记载："秦有卫鞅，受封于商，子孙氏焉。"在商鞅的后裔子孙中，有以先族封地名称、或名号为姓氏者，称商氏，亦世代相传至今。

【商姓名人】

商容：他是第一位出现于史籍的商姓人士。传说是纣王时官拜大夫，因忠言直谏，被纣王罢官。周武王克商后，归周朝。有的学者认为他是后世商姓得姓始祖。商高：周代数学家，他写了中国第一本数学著作《周髀算经》。商泽：字子秀，一作子季，春秋末年鲁国人，孔子门生，“七十二贤”之一。商瞿：字子木，春秋末年鲁国人，孔子门生。传孔子《易经》学。商鞅：战国时期为秦奠定统一基础的功臣，是历史上著名的改革家。商衍鎏：晚号康乐老人，广东番禺人，中国末代探花，书法家。中央文史研究馆副馆长。商燮尔：浙江人，当代著名防化专家。

牟 mù(móu)

源于姬姓，出自周朝给火神祝融之后的封地(今山东莱芜辛庄镇赵家泉村)，属于以国名为氏。据《姓氏考略》、《元和姓纂》及《风俗通》记载：“牟子国，祝融之后，后因氏焉。”祝融为上古时期掌管火的官职，起初为颛顼曾孙重黎所担任。祝融又称火正，因重黎很有功绩，能光融天下，被帝喾命名为祝融。重黎诛伐共工氏时，因没有将共工家族斩尽杀绝而被帝喾诛杀。后帝喾命其弟吴回继任，复居火正，为祝融。吴回生子陆终，承袭火正之职，亦称祝融。在西周初期，周武王将祝融之后封在牟为那时期的小诸侯国，子爵，因称牟子国。牟姓氏有两种读音：mù(世代流传读音)主要分布于重庆，四川，湖北，贵州，湖南，山东，东北三省等地区。móu(重庆牟姓家族专属读音)主要分布于重庆，四川。

【牟姓名人】

牟融：唐代诗人。隐居学道，终身不仕。以诗闻名，尤擅七律。牟谷：宋代画家。牟仲甫：宋代画家。善画猿獐猴鹿，画鸡亦有意趣。牟庭：清代考据家、数学家。牟大昌：宋末抗元英雄。牟衍铭：当代著名魔术表演艺术家。牟运道：当代雕塑家。牟宗三：当代著名哲学家。融合康德哲学与孔孟陆王的心学，以中国哲学与康德哲学互相诠解。牟小龙：当代中国武术家。

佘 shé

佘氏的起源，古今姓氏专家研究，说法很多，但大部分认为：佘姓由皇帝敕赐而来。西晋初年(公元266年)，武帝司马炎手下有一员骁勇善战的大将叫佘昭元，他东征西伐，南征北战，屡建奇功。佘昭元随武帝率军攻下雁门关(今山西省雁门关)后，司马炎大喜，对佘昭元说：汝功勋盖世，不在人下，封镇海大将军，敕赐姓佘。从这个时候开始，中华姓氏中才有了佘姓，至今已经1700年。

又说源于人皇氏，出自远古三皇之一人皇氏的后裔，属于以先祖名号为氏。据《邵东佘氏五修族谱》所记载的“佘氏得姓源流考”中说：“据旧谱残卷相与考订，佘姓出自人皇氏之支裔，因以人为氏(称人氏)。后为黄帝作合官接万灵，黄帝使主祀天神地祇人鬼之事，古以示为氏，因以示为氏(称示氏)。及夏后时失官，遂与不窋同于戒翟之间，聚族而谋曰：‘吾欲仍以人为氏，则以远而忘君，仍以示为氏，又恐以远而意亲，不如合人与示而一之，庶君亲两无背乎。’于是遂合‘人’与‘示’为佘姓，此佘氏得氏命姓之始。”由此世代相传至今。

【佘姓名人】

佘赛花：女，亦称杨令婆，封号佘太君，北宋名将杨老令公杨继业之妻。她精通韬略。其八子及一孙，多数殉国。在西夏侵扰时，她已百岁高龄，仍身挂帅印，率领杨家十二寡妇征西，集中地体现了杨家将的爱国精神。佘世亨：明代著名收藏家。筑堂于广州越秀山下，藏古图籍、金石、字画。佘翔：明朝著名诗人。诗以雄丽高峭为宗，著有《薜荔园集》。佘翘：明朝著名文学家。诗、古文、杂剧皆有名。佘熙璋、佘国观父子：清朝著名书画家。擅长画竹、篆刻。佘积德：中国人民解放军少将。佘靖：任中华人民共和国卫生部副部长、国家中医药管理局局长、世界中医药学会联合会会长。佘畯南：中国工程院资深院士、中国工程设计大师。曾参与毛主席纪念堂、老一辈革命家纪念馆等方案设计。

佴 nài

源于器物，属于以器物名称改字为氏。据《佴氏宗谱》的记载，是起源于古代为帝王爵官制做爵冠之工匠，冠旁弼珥（官者帽冠两侧垂下的玉饰），亦称瑱珰，其祖先便以“珥”立姓，时称珥氏，到了其后代，改以“亻”偏旁于耳边。

【佴姓名人】

据《通志·氏族略》记载：佴湛：被佴氏后人奉为佴姓的鼻祖。佴祺：明万历年间金榜题名，荣登进士。官至御史、直隶巡按等。佴缙：明代广东都指挥。佴杰：清代直隶知县。

伯 bó

源于嬴姓，出自夏王朝初年东夷族伯益，属于以先祖名为氏。据《风俗通》记载：伯氏出自嬴姓，伯益之后。伯姓历史悠久。算起来已有4000多年的渊源。

又说源于蒙古族，属于汉化改姓为氏。据《清朝通志·氏族略·附载蒙古八旗姓》记载：蒙古族巴林氏，或言以地为姓，或言内扎萨克以部为氏，出自元朝时期大将、丞相伯颜的后裔。蒙古族伯苏氏，源出元朝时期别速惕氏后裔。

【伯姓名人】

伯益：（生卒年待考），名益，嬴姓。著名禹之大臣，伯氏鼻祖之一。伯嚭：春秋时期吴王夫差宠臣，善于逢迎。吴亡后，降越为臣。伯牙：春秋时人。善鼓琴。相传琴曲《水仙操》、《高山流水》为其作品。与钟子期的"知音"佳话，已成了千古绝唱。伯乐：春秋时人，善相马。伯宗：春秋时期的晋国大夫，贤臣。

赏 shǎng

源于姬姓，出自春秋时晋国大夫之后，因祖先受到奖赏而得姓，属于以纪念事件名称为氏。春秋时期，吴国有个大夫参加搏赛得胜而获赏，其后代为纪念祖先的荣耀，就以"赏"字为姓氏，称赏氏，世代相传至今。又说源于党项族，出自西夏国姓拓跋氏，属于汉化改姓为氏。据《万姓统谱》上记载，赏氏起源于西夏，祖先为赏羽羌，望出吴郡。宋朝时期，党项民族建立了一个政权，国号大夏，据有现在原绥远省境内的鄂尔多斯，原宁夏省境内的阿拉善及甘肃省西北部之地，汉史称"西夏"。赏氏就是西夏国的国姓之一，其先祖叫拓拔赏羽，但他不是鲜卑族人，而是氐羌人，因而史称其为"赏羽羌"。西夏灭亡之后，赏氏族人纷纷南下，散居中原、江南各地。日久天长逐渐汉化，融入汉族，从此赏氏也成为汉族的一个姓氏。

【赏姓名人】

赏林：江苏苏州人，三国时期的孙吴大臣。赏宝珩：电脑高级工程师。赏宗哲：当代书画艺术名人。

南宫 nán'gōng

源于姬姓，出自周文王四友之一南宫子，属于以先祖名字为氏。据《尚友录》记载，周文王手下有著名的"八士"，其中之一就是南宫括。所谓"文王四友南宫子"，依照史籍《史记·周本纪》的师古注，指的就是南宫括。据考证，南宫括是周朝文王父子兴周灭纣时的一位贤臣。其后以南宫为姓氏，称南宫氏。又说源于姬姓，出自春秋时期鲁国大夫阙的居地，属于以居邑名称为氏。据《括地志》的记载，在雒州雒阳县东北二十六里洛阳故城中(即今河南省洛阳市的白马寺与首阳山之间)，阙大夫以“南宫”命姓，史称南宫阙。在南宫阙的后裔子孙中，多以先祖之姓南宫为姓氏，称南宫氏，后又多省文简改为单姓南氏、官氏等，世代相传至今。

【南宫姓名人】

南宫子：周朝的开国元勋。南宫适，名韬，字子容。春秋时期鲁国人，孔子“七十二贤”之一。孔子称赞他是“君子”、“尚德”之人，并把自己的侄女(孟皮之女)嫁给他。南宫长万：亦作南宫万，春秋时期宋国将领。

墨 mò

商朝时，孤竹国国君名墨胎，其后世子孙以墨为姓。

【墨姓名人】

墨翟：战国时著名思想家，墨家创始人。

哈 hǎ

出自中亚哈拉王族，为“回民十三姓”之一。约在元代时中原开始有此姓。

【哈姓名人】

哈麻：元代左丞相。

谯 qiáo

周文王的后裔支庶子孙，有一支受封于谯，其后人遂以谯为姓。

【谯姓名人】

谯周：三国蜀汉大臣。谯秀：晋代文人。

笪 dá

来历不详。最早的文字记录是南北朝时的宋朝，有进士笪深。

【笪姓名人】

笪深：南朝时宋国进士。笪重光：清代顺治年间进士。

年 nián

出自严姓。年字与严字读音相近，易混读。古代有一支严姓的子孙，因字音讹传，而以年为姓。

【年姓名人】

年羹尧：清代名将，曾任抚远大将军。

爱 ài

唐代西域有回鹘（亦称回纥）国，其国相名邪勿。后来回鹘国成为唐朝的附庸国，国相邪勿来到中原，唐朝皇帝赐他姓爱，名弘顺，其子孙遂以爱为姓。

【爱姓的名人】

爱甲：金宣宗定兴年间定州刺史。爱薛：元世祖忽必烈时谏臣。

阳 yáng

东周时，周景王封其小儿子阳樊，其后人因避祸乱到了燕国，以祖上封地阳为姓。

【阳姓名人】

阳子叔：明代成化年间进士。

佟 tóng

出自佟佳氏。在今辽宁省境内鸭绿江支流，元明时期称佟佳江，居住有佟佳氏族，其后人改为单姓佟。

【佟姓名人】

佟景文：清代安徽布政使。

第五 dìwǔ

汉高祖刘邦即帝位后，为了削弱地方豪强势力，把战国时的齐、楚、燕、韩、赵、魏六国王族后裔迁徙到关中。其中齐国贵族田氏，因族大人多，故改变了原来的姓氏，而以第一氏、第二氏至第八氏来划分。第五氏即其中的一氏，其后人以第五为姓。

【第五姓名人】

第五尝：汉朝太守。第五伦：东汉名臣，官拜司空。

言 yán

春秋时，吴国有人叫言偃，字子游，是孔的弟子，其子孙以言为姓。

【言姓名人】

言芳：明代官吏。言菊朋：蒙古族，现代京剧表演艺术家。

福 fú

春秋时，齐国有大夫福子丹，其后世子孙皆以福为姓。

【福姓名人】

福康安：清代著名将领。

百家姓终